Haruki Murakami verkörpert den Typus des zurückgezogenen Schriftstellers wie wenige andere. Der japanische Bestsellerautor gilt als ausgesprochen scheu. Doch nun bricht Murakami das Schweigen und lässt uns an seiner reichen Erfahrung als Schriftsteller teilhaben. Anhand von Kafka, Raymond Chandler, Dostojewski und Hemingway sowie anderen Vertretern der Weltliteratur reflektiert er über Literatur und ihre Bedeutung für ihn selbst. Und der Leser begegnet zum ersten Mal dem Menschen Murakami. Wer weiß schon von seiner großen Kennerschaft der klassischen Musik, seiner Leidenschaft für Jazz? Ein einmaliger Blick in die Werkstatt und das Herz eines der größten und erfolgreichsten Schriftsteller unserer Zeit. Und im Grunde das, was Murakami in seiner Zurückhaltung nie schreiben würde: eine Autobiographie.

HARUKI MURAKAMI, geboren 1949 in Kyoto, ist der international gefeierte und mit den höchsten japanischen Literaturpreisen ausgezeichnete Autor zahlreicher Romane und Erzählungen. Sein Roman »Gefährliche Geliebte« entzweite das Literarische Quartett, mit »Mister Aufziehvogel« schrieb er das Kultbuch seiner Generation. Ferner hat er die Werke von Raymond Chandler, John Irving, Truman Capote und Raymond Carver ins Japanische übersetzt.

HARUKI MURAKAMI

VON BERUF
SCHRIFTSTELLER

Essays

Aus dem Japanischen
von Ursula Gräfe

btb

Die japanische Originalausgabe erschien 2015
unter dem Titel »Shokugyo toshite no shosetsuka«
bei Switch Publishing, Tokio.

Verlagsgruppe Random House FSC® N001967

1. Auflage
Genehmigte Taschenbuchausgabe Mai 2018,
btb Verlag in der Verlagsgruppe Random House GmbH,
Neumarkter Straße 28, 81673 München
Copyright © der Originalausgabe 2015 by Haruki Murakami
Copyright © der deutschsprachigen Ausgabe 2016 by DuMont
Buchverlag, Köln
Covergestaltung: semper smile, München
nach einem Entwurf von Lübbeke Naumann Thoben, Köln unter
Verwendung eines Motivs von © Nobuyoshi Araki
Druck und Einband: GGP Media GmbH, Pößneck
SL · Herstellung: sc
Printed in Germany
ISBN 978-3-442-71697-5

www.btb-verlag.de
www.facebook.com/btbverlag

INHALT

1 SCHRIFTSTELLER –
EIN TOLERANTER MENSCHENSCHLAG?

Sich schon am Anfang über Romane auszulassen würde zu weit führen, also will ich Ihnen zuerst einmal etwas über Schriftsteller erzählen. Das ist konkreter, und ich glaube, es ist einfacher, sich dem Thema auf diese Weise zu nähern.

Aus meiner Sicht lässt sich von den meisten, wenn auch natürlich nicht von allen Schriftstellern kaum behaupten, sie verfügten über ein ausgeglichenes Wesen und eine gerechte Weltsicht. Nicht wenige von ihnen haben überdies einen sehr eigenen Charakter, der schwerlich als Gegenstand der Bewunderung geeignet scheint, und legen zudem seltsame Lebensgewohnheiten und Verhaltensweisen an den Tag. Die meisten Schriftsteller (ich schätze mal, 92 Prozent, einschließlich meiner) glauben, ob sie das nun offen aussprechen oder nicht, das, was sie tun und schreiben, sei das einzig Wahre, und von einigen Ausnahmen abgesehen, seien alle anderen Schriftsteller mehr oder weniger auf dem Holzweg, weshalb sie sich auch entsprechend verhalten. So ist wohl die Zahl derer, die sich solche Personen als Freunde oder Nachbarn wünschen, vorsichtig ausgedrückt, eher gering.

Mitunter hört man, dass manche Schriftstellerkollegen eine herzliche Freundschaft verbinde, aber solche Geschichten sind mit Vorsicht zu genießen. So etwas mag es geben oder nicht, aber es ist zweifelhaft, ob eine enge Beziehung in solchen Fällen wirklich von Dauer sein kann. Schriftsteller gehören prinzipiell einem egoistischen Menschenschlag an, und die meisten sind sehr stolz und haben ein starkes Konkurrenzbewusstsein. Begegnungen scheitern weitaus häufiger, als dass sie harmonisch verlaufen. Ich habe das selbst oft genug erlebt.

Es gibt eine bekannte Anekdote über Marcel Proust und James Joyce. Die beiden trafen 1922 in Paris bei einem Dinner aufeinander, aber obwohl sie Tischnachbarn waren, wechselten sie bis zum Schluss kein Wort miteinander. Die anderen Gäste warteten gespannt und mit angehaltenem Atem, was diese beiden großen Schriftsteller des 20. Jahrhunderts einander zu sagen hätten, doch sie warteten vergebens. Wahrscheinlich waren beide einfach zu stolz, um einander anzusprechen. So etwas passiert häufig.

Dennoch gibt es wohl kaum Menschen, die sich ungeachtet der beruflichen Domäne, wo sie, vereinfacht gesagt, alle »Platzhirsche« sind, so großherzig und tolerant verhalten wie Schriftsteller. Meiner Ansicht nach gehört dies unbedingt zu den wenigen Vorzügen, die ihnen gemein sind.

Ich will es ein wenig verständlicher und anschaulicher erklären.

Angenommen, ein Schriftsteller hat eine schöne Stimme und debütiert als Sänger. Oder er hat zeichnerisches Talent und versucht sich als Maler. Dieser Autor wird fraglos, wo er geht und steht, auf Ablehnung stoßen und mit Hohn und Spott überschüttet werden. Er wird Äußerungen wie »Wenn es dem Esel zu wohl wird, geht er aufs Eis« oder »Er hat nicht mal genug Talent zum Amateur« zu hören bekommen, und die professionellen Sänger und Maler behandeln ihn mit eisiger Kälte. Vielleicht wird er sogar richtiggehend gemobbt. Auf wohlwollende Ermunterung wird er jedenfalls kaum stoßen. »Das hast du gut hingekriegt«, wird keiner zu ihm sagen. Und wenn, dann nur im engsten Kreis und eher beiläufig.

Neben meiner Schriftstellerei übersetze ich seit dreißig Jahren mit Begeisterung angelsächsische Literatur, doch als ich damit anfing (und vielleicht verhält es sich auch heute noch so), war ich heftigem Gegenwind ausgesetzt. Von allen Seiten bekam ich zu hören, Übersetzen sei nichts für Amateure oder ich solle lieber die Finger davon lassen, es sei ja doch nur ein Zeitvertreib. Schließlich sei ich Autor.

Als ich den Interviewband *Untergrundkrieg* herausgab, hagelte es vor allem von Sachbuchautoren heftige Kritik. »Er kennt die Regeln für Sachbücher nicht«, hieß es, »Er drückt auf die Tränendrüse«, »Er ist ein armseliger Dilettant« und vieles mehr. Ich hatte gar nicht beabsichtigt, ein genrespezifisches Sachbuch zu verfassen, sondern wollte ein im wahrsten Sinne des Wortes nichtfiktives Werk herausgeben, das ich selbst konzipiert hatte, doch im Endeffekt bin ich damit wohl den Tigern, die die heiligen Gefilde des Sachbuchs bewachen, auf die Schwänze getreten. Ich hatte nicht gewusst, dass solche Tabus existierten, und war zunächst ziemlich verblüfft, dass es »feste Regeln« für Sachbücher geben sollte.

Demnach wird es von Experten nicht gut aufgenommen, wenn Fachfremde sich mit ihrem Gebiet beschäftigen. Wie weiße Blutkörperchen körperfremde Substanzen abzustoßen trachten, sind sie bestrebt, Eindringlingen den Zugang zu ihrer Domäne zu verwehren. Wer dennoch unverdrossen auf Einlass beharrt, der wird von ihnen mit einer gewissen Ergebenheit (»Da kann man wohl nichts machen«) geduldet und darf dabei sein, doch zumindest am Anfang wird er es sehr schwer haben. Je begrenzter das entsprechende »Gebiet«, je professioneller und elitärer, desto größer die Arroganz und Ablehnung, die dem Außenseiter entgegenschlagen.

Doch im umgekehrten Fall, wenn also beispielsweise ein Sänger, ein Maler, ein Übersetzer oder ein Sachbuchautor einen Roman schreibt, wird kaum ein Schriftsteller darüber die Nase rümpfen. Belletristische Werke von Außenstehenden werden häufig sogar sehr positiv aufgenommen. Niemals hört man, dass ein Schriftsteller sich über die »Anmaßung eines Amateurs« beschwert. Zumindest soweit ich weiß, zieht man weder über einen solchen Debütanten her, noch macht man sich über ihn lustig, mobbt ihn oder stellt ihm sonst wie ein Bein. Vielmehr habe ich den Eindruck, dass dem Außenseiter eine gewisse Sympathie entgegenschlägt und man sich bei Gelegenheit gern mit ihm über Literatur unterhält, ihn bisweilen sogar ermuntert.

Sicher kommt es vor, dass hinter seinem Rücken schlecht geredet wird, aber das ist unter Schriftstellern normal, gewissermaßen ein allgemein anerkanntes Verhalten, und hat nichts damit zu tun, dass er auf ein fremdes Terrain vorgedrungen ist. Man kann Schriftstellern vieles nachsagen, aber wenn jemand in ihre Domäne vorstößt, sind sie im Allgemeinen großherzig und tolerant.

Wie kommt das?

Darauf gibt es meiner Ansicht nach eine eindeutige Antwort. Es kommt daher, dass im Grunde jeder, der will, eine Geschichte – Geschichte in einem sehr weit gefassten Sinn – schreiben kann. Um beispielsweise als Pianist oder Ballerina zu debütieren, muss man von Kindheit an jahrelang intensiv üben. Auch um Maler zu werden, muss man das – oder eigentlich bei jedem Handwerk oder jeder Kunst. So wie auch ein Bergsteiger überdurchschnittliche Körperkraft, gewisse technische Kenntnisse und Mut braucht.

Für all diese Berufe benötigt man eine Ausbildung. Doch einen Roman kann im Grunde jeder verfassen, der des Schreibens mächtig ist, einen Kugelschreiber und ein Heft zur Hand hat und vielleicht noch eine gewisse Fähigkeit zum Fabulieren besitzt. Auch wenn er keine Ausbildung erhalten hat, kann er formal eine Art Geschichte zu Papier bringen, und zwar ohne an der Universität Literatur studiert zu haben. Denn einen Roman zu schreiben ist keine Wissenschaft.

Wenn jemand ein wenig Talent besitzt, ist es nicht ausgeschlossen, dass ihm auf Anhieb ein Werk gelingt, das Beachtung findet. Nehmen wir, auch wenn es mir etwas peinlich ist, meinen eigenen Fall. Ich war in keiner Weise dazu ausgebildet, Romane zu schreiben. Ich war zwar für Film- und Theaterwissenschaften eingeschrieben, studierte aber – ganz zeitgemäß – eigentlich so gut wie gar nicht, sondern ließ mir die Haare wachsen und einen Bart stehen und lief schmuddelig herum. Mit anderen Worten, ich gammelte. Ohne dass ich vorher beabsichtigt hätte, Schriftsteller zu werden, oder auch nur Schreibversuche unternommen hätte, kam mir eines Tages die Idee, meinen ersten Roman (oder so etwas Ähnliches) *Wenn der Wind singt* zu schreiben, für den ich sogleich den Nachwuchspreis einer Literaturzeitschrift erhielt. Ehe ich michs versah, war ich

Berufsschriftsteller. Ich muss mich selbst wundern, wie einfach das war. Viel zu einfach.

Und das soll dann Literatur sein?, werden vielleicht einige verärgert fragen, aber ich sage ja nur, wie die Dinge sind. Das, was wir als Roman oder Erzählliteratur bezeichnen, schließt ein breites Spektrum an Ausdrucksformen ein. Und gerade diese Spannbreite macht, verbunden mit der Schlichtheit, die der Roman besitzt, einen beträchtlichen Teil seiner enormen Energiequellen aus. Wenn ich daher sage, jeder könne schreiben, ist das aus meiner Sicht eher ein Kompliment als eine Verunglimpfung.

Demnach steht also das Genre des Romans jedem offen. Wie beim Wrestling kann ohne große Umstände teilnehmen, wem immer danach ist. Auch hier gibt es viel Spielraum, praktische Einstiegshilfen stehen zur Verfügung, und der Ring bietet ausreichend Platz. Es gibt keine Wachleute, die den Zutritt verwehren, und auch die Schiedsrichter mischen sich nicht ständig ein. Die aktiven Wrestler – in unserem Fall die anderen Schriftsteller – sind von vorneherein mit dieser Atmosphäre vertraut: »Alles klar, nur immer herauf mit euch. Mitmachen kann jeder.« Man kann es aufgeschlossen oder flexibel nennen, jedenfalls geht es recht lässig zu.

Aber so einfach es sein mag, den Ring zu betreten, so schwierig ist es, sich länger darin zu halten. Ein Schriftsteller ist sich dessen natürlich voll bewusst. Einen oder zwei Romane zu schreiben ist nicht so schwer. Aber über einen längeren Zeitraum Romane zu schreiben, davon zu leben, ja, als Schriftsteller zu *über*leben, ist ein fast unmögliches Unterfangen. Man könnte sogar sagen: unmöglich für einen normalen Menschen. Denn es braucht dafür – wie soll ich es ausdrücken? – eine »besondere Eigenschaft«. Natürlich sind ein gewisses Talent sowie ein erhebliches Maß an Kampfgeist erforderlich, und wie bei allen Unternehmungen im Leben spielen auch Glück und Zufall eine wichtige Rolle. Mehr noch bedarf es jedoch einer anderen Art von »Qualifikation«. Und über die verfügt man oder eben nicht. Manche Menschen sind von Natur aus damit ausgestattet, andere müssen sie sich mühsam aneignen.

Über diese Art der Befähigung ist nicht viel bekannt, und sie wird selten ausdrücklich hervorgehoben, da sie sich nicht leicht veranschaulichen oder beschreiben lässt. Ich werde später noch einmal darauf zurückkommen. Doch jedem Autor ist aus eigener Erfahrung deutlich bewusst, wie mühsam und schwierig es ist, sich als Schriftsteller dauerhaft zu halten.

Vielleicht ist ebendies der Grund, aus dem Schriftsteller Neulinge aus anderen Bereichen so bereitwillig in den Ring lassen und sich ihnen gegenüber im Allgemeinen großzügig und tolerant verhalten. Meist werden die Newcomer begrüßt oder nicht weiter zur Kenntnis genommen. Wird der Neue am Ende aus dem Ring geschleudert oder geht er freiwillig (wie es meistens der Fall ist), zeigt man Mitgefühl und wünscht ihm Glück. Wenn er oder sie es jedoch schafft, im Ring zu bleiben, verdient das natürlich Respekt, der in der Regel angemessen gezollt wird.

Diese Art der Toleranz hat vielleicht auch damit zu tun, dass der Literaturbetrieb keine Nullsummengesellschaft ist. Tritt ein neuer Autor auf, heißt das (zunächst) nicht, dass dafür ein anderer, der vorher da war, seine Stellung verliert. Zumindest geschieht das nicht unverhohlen. Das ist ein entscheidender Unterschied zum Profisport. Dort kann ein neuer Star einen älteren Routinier verdrängen, aber dergleichen habe ich im Literaturbetrieb noch nicht beobachtet. Auch dass die Auflage eines Schriftstellers um hunderttausend Exemplare sinkt, weil ein anderer hunderttausend mehr verkauft hat, kommt nicht vor, und es gibt sogar Fälle, in denen die ganze Branche von derlei profitiert.

Längerfristig scheint allerdings eine Art natürliche Auslese stattzufinden. Auch wenn der Ring ziemlich groß ist, eignet er sich doch nur für eine bestimmte Anzahl von Kämpfern. Man braucht nur einen Blick in die Runde zu werfen, und dieser Eindruck bestätigt sich.

Ich schreibe seit über fünfunddreißig Jahren Romane und verdiene damit meinen Lebensunterhalt. Das heißt, ich stehe seit dreißig Jahren im Ring des Literaturbetriebs, oder altmodisch ausdrückt: »Mein Handwerk nährt seinen Mann.« Im engeren Sinne könnte man das wohl als eine Leistung bezeichnen.

In diesen fünfunddreißig Jahren habe ich viele neue Schriftsteller debütieren sehen. Nicht wenige von ihnen wurden zeitweise hochgeschätzt, bekamen Kritiker- und Literaturpreise, waren in aller Munde, und ihre Bücher verkauften sich gut. Sie hatten allen Grund, auf eine vielversprechende Zukunft zu hoffen.

Betrachtet man jedoch, wie wenige von den Autoren, die vor zwanzig oder dreißig Jahren ein Erstlingswerk präsentierten, heute noch Schriftsteller sind, kommt keine besonders große Zahl zusammen. Eigentlich ist sie sogar ziemlich klein. Die meisten »Shootingstars« sind mehr oder weniger sang- und klanglos verschwunden, haben ihre Schriftstellerkarriere aufgegeben und umgesattelt. Und auch ihre Werke, die seinerzeit Tagesgespräch waren, sind in gewöhnlichen Buchhandlungen gar nicht mehr so leicht zu finden. Die Zahl der Autoren ist zwar nahezu unbegrenzt, die Räumlichkeiten der Buchläden sind es jedoch nicht.

Aus meiner Sicht ist das Schreiben von Romanen eine Tätigkeit, der scharfsinnige Menschen sich in der Regel nicht zuwenden. Gewiss, das Schreiben erfordert ein gewisses Maß an Intelligenz, Bildung und Fertigkeiten – auch ich verfüge über ein Mindestmaß an diesen Eigenschaften. Wahrscheinlich. Hoffentlich. Und eine weitere dringend benötigte Eigenschaft ist zweifellos Selbstvertrauen.

Gleichwohl bin ich der Ansicht, dass Menschen mit einem raschen Verstand oder überdurchschnittlicher Intelligenz sich weniger häufig der Literatur zuwenden. Denn das Schreiben von Romanen – oder das Erzählen von Geschichten – findet in gemächlichem Tempo, sozusagen in einem niedrigen Gang statt. Um es besser zu veranschaulichen: Gefühlsmäßig liegt es irgendwo in der Mitte zwischen langsamem Radfahren und schnellem Gehen. So gibt es Menschen, deren Bewusstsein generell in einem gemächlicheren Tempo arbeitet, und andere, für die das weniger gilt.

Um sich auszudrücken, setzen Schriftsteller die Vorgänge in ihrem Bewusstsein in Form von »Geschichten« um. Sie schreiben, indem sie die Hebelwirkung nutzen, die aus der Differenz zwischen der ursprünglichen und der neuen Form entsteht. Das ist eine sehr umständliche und aufwendige Tätigkeit.

Menschen indes, die klar umrissene Vorstellungen haben, müssen diese nicht erst weitschweifig in Geschichten umsetzen. Wer diese Vorstellungen dann noch in klare Sprache zu fassen vermag, wird leicht und schnell von der Allgemeinheit verstanden. Eine Botschaft, bei der es womöglich ein halbes Jahr dauern würde, sie in einen Roman zu verwandeln, könnte man gewiss in drei Tagen formulieren, wenn man sie direkt und in ihrer ursprünglichen Form ausdrückte. Vielleicht würden sogar zehn Minuten genügen, wenn man seine Gedanken in ein Mikrofon spräche. Menschen mit einem raschen Verstand können das natürlich. Und sogleich werden sich ihre Zuhörer aufs Knie schlagen und »Aha!« rufen. Weil diese Menschen eben klug sind.

Außerdem muss jemand, der über Wissen im Überfluss verfügt, nicht eigens ein diffuses und entlegenes »Behältnis«, sprich: eine »Geschichte« hervorkramen. Oder fiktive Schauplätze aus dem Boden stampfen. Er braucht nur sein Wissen zu sammeln und in Worte zu fassen, und die Menschen werden ihn mühelos verstehen und beeindruckt sein.

Manche Literaturkritiker sind unfähig, einen gewissen Typ von Roman zu verstehen – oder sie können, selbst wenn sie ihn verstehen, dieses Verständnis nicht angemessen formulieren oder logisch darlegen. Der Grund dafür liegt vermutlich in dem oben Geschilderten. Vereinfacht ausgedrückt, heißt das, sie sind, verglichen mit dem betreffenden Autor, zu klug, und ihr Verstand arbeitet zu schnell. Und mitunter kann jemand aufgrund dieser Veranlagung sein Tempo einem langsameren Gefährt nicht anpassen. Also überträgt er sein eigenes Tempo auf das des erzählten Textes und entwickelt seine Argumentation anhand dieser kürzeren, beschleunigten Übersetzung. Es gibt Fälle, in denen diese Anpassung gelingt, oft jedoch gelingt sie nicht. Besonders wenn ein Text nicht einfach nur gemächlich ist, sondern darüber hinaus vielschichtig und komplex, kann diese Art der Projektion sich so verkürzend auswirken, dass der Text verzerrt wird.

Mehrmals schon bin ich Zeuge geworden, wie Menschen mit rascher, scharfer Auffassungsgabe – die meisten kamen aus anderen Berufen – die Schriftstellerei nach ein oder zwei

Romanen drangaben. Ihre Bücher waren meist »gut geschrieben« und geistreich, einige sogar verblüffend klarsichtig, und dennoch hielten diese Autoren sich nicht lange im Ring.

Vielleicht schreibt ein mehr oder weniger literarisch begabter Mensch sein ganzes Leben lang inbrünstig an einem einzigen Buch. Ein kluger Mensch hingegen vermag in der Schriftstellerei womöglich doch nicht den Mehrwert zu entdecken, den er sich davon erhofft hatte. Er schreibt einen oder zwei Romane, fühlt sich bestätigt und geht zu etwas anderem über, das ihm effektiver erscheint.

Was ich gut verstehen kann. Denn Romane zu schreiben ist ganz bestimmt keine effektive Tätigkeit. Sie besteht in der immerwährenden Wiederholung gewisser Themen, bei der man sich jedoch verschiedener Motive und Metaphern bedient. Jeder Autor hat in der Regel ein persönliches Thema, an dem er sich in verschiedenen Variationen abarbeitet. Treten bei der Bearbeitung Unklarheiten und verschwommene Stellen auf, macht er sich daran, sie mithilfe neuer Metaphern und Beispiele zu erklären. So ergibt sich unentwegt ein Beispiel aus dem anderen, und eine endlose Kette von Umschreibungen entsteht. Wie bei einer russischen Matrjoschka in jeder Puppe eine weitere Puppe steckt, bringt jedes Motiv wieder ein neues Motiv hervor. Kann es eine weniger effektive und umständlichere Beschäftigung geben? Gelänge es von vorneherein, das Thema klar und verständlich zu formulieren, würde es sich erübrigen, immerfort weitere Motive und Metaphern anzuführen. So könnte man im Extrem beinahe zu dem Schluss gelangen, Schriftsteller seien eine überflüssige Gattung, die überflüssige Dinge tut.

Ihnen zufolge jedoch liegt in diesem überflüssigen, umständlichen Tun tatsächlich Wahrheit verborgen. Und daran halten sie hartnäckig fest. Wenngleich es auch die Ansicht gibt, Literatur spiele für das Gesamtgeschehen auf der Welt keine Rolle. Wohingegen natürlich andere die Meinung vertreten, die Welt komme ohne Literatur nicht aus. Wie jemand zu dieser Frage steht, hängt wohl auch von der Zeit, die er sich zum Nachdenken zu nehmen bereit ist, und von seiner persönlichen Weltanschauung ab. Präziser ausgedrückt, stehen einander hier das Ineffektive, Umständliche und das Effektive, Zügige, Prompte gegenüber. Die Welt, die wir bewohnen, ist vielschichtig, und fehlte eine dieser Schichten (oder wäre dramatisch unterlegen), geriete sie wohl aus den Fugen.

Romane zu schreiben ist im Grunde eine ziemlich »uncoole« Beschäftigung, die nichts Mondänes an sich hat. Du schließt dich allein in einem Zimmer ein und bastelst unentschlossen an einem Text herum. Du sitzt am Schreibtisch und zerbrichst dir inbrünstig den Kopf, ringst den lieben langen Tag mit einer Zeile und bekommst noch nicht einmal Applaus dafür. Niemand sagt: »Gut gemacht«, und klopft dir auf die Schulter. In einsamer Selbstbestätigung nickst du schweigend vor dich hin. Und wenn dein Buch erscheint, gibt es wahrscheinlich auf der ganzen Welt keinen einzigen Menschen, der auf diese eine Zeile achtet. Genau so ist das, wenn man einen Roman schreibt. Es kostet unmäßig viel Zeit und ist ungeheuer anstrengend.

Es gibt Menschen, die verbringen ein ganzes Jahr damit, mithilfe einer langen Pinzette ein winziges Schiffsmodell in eine Flasche zu bugsieren. Ich habe zwei linke Hände und könnte so etwas Kompliziertes nie zustande bringen; dennoch finde ich, dass es eine wesentliche Gemeinsamkeit zwischen dem Fertigen eines Buddelschiffs und dem Schreiben eines Romans

gibt. Jemand beschäftigt sich Tag ein, Tag aus im stillen Kämmerlein mit etwas sehr Kniffligem. Es dauert endlos lange. Wenn
ein Mensch nicht von Natur aus dazu veranlagt ist, solche Müh-
sal zu ertragen, ist diese zeitaufwendige Aufgabe nichts für
ihn.

Als Kind habe ich einmal eine Geschichte über zwei Männer
gelesen, die aufgebrochen waren, um sich den Fuji anzuschau-
en. Keiner von beiden hatte ihn je zuvor gesehen. Der Klüge-
re wanderte um den Fuß des Berges herum und betrachtete
ihn gründlich von allen Seiten. »Aha, das ist also der Fuji. Er ist
wunderbar«, befand er. Überzeugt und zufrieden ging er nach
Hause. Er war ein sehr effektiv und schnell denkender Mann.
Dem weniger klugen Mann fiel es nicht so leicht, sich einen
Eindruck vom Fuji zu verschaffen. Also blieb er allein zurück
und stieg bis auf den Gipfel, was sehr anstrengend war und unheimlich lange dauerte. Seine Kräfte reichten kaum aus, und
am Ende war er völlig erschöpft. Doch erst jetzt hatte er in seinen Augen hinlänglich verstanden, was es mit dem Fuji auf
sich hatte.

Die Spezies der Schriftsteller (zumindest die meisten von
ihnen) gehört unbedingt zum Typ des weniger klugen Mannes.
Sie können nicht begreifen, was der Fuji ist, solange sie ihn
nicht wirklich auf ihren eigenen Beinen bestiegen haben. Es
liegt womöglich sogar in der Natur des Schriftstellers, dass er
den Berg, selbst wenn er ihn mehrmals besteigt, noch immer
nicht versteht oder sogar umso weniger, je öfter er ihn besteigt.
Hier hätten wir dann einen Fall von »Sub-Effektivität«. Einem
scharfsinnigen Menschen würde so etwas nie passieren.

Deshalb ist es für einen Schriftsteller auch keine große Über-

raschung, wenn jemand aus einem ganz anderen Tätigkeits-
bereich eines Tages nebenher einen Roman verfasst, von Kritik und Öffentlichkeit mit Bewunderung überhäuft wird und
sogar zum Bestsellerautor avanciert. Er wird dies kaum als Be-
drohung empfinden, und schon gar nicht wird es seinen Zorn
erregen (denke ich). Denn aus irgendeinem Grund ist dem
Schriftsteller klar, dass die betreffende Person in den seltens-
ten Fällen über einen längeren Zeitraum weiterschreiben wird.
Begabte Menschen haben den Rhythmus von Begabten, intel-
ligente den von Intelligenten, gelehrte den von Gelehrten. Und
der Rhythmus dieser Menschen stimmt auf längere Sicht nicht
mit dem des Schreibens von Romanen überein.

Natürlich gibt es ebenso unter Berufsschriftstellern solche, die
man als begabt bezeichnen könnte. Manche sind eher scharfsin-
nig. Allerdings sind sie es auch nicht auf landläufige, sondern auf
romanhafte Weise. Erfahrungsgemäß halten sich diese Scharfsinnigen – man könnte sie »Schriftsteller mit Verfallsdatum«
nennen – in der Regel höchstens zehn Jahre. Um diese Zeit-
spanne zu überschreiten, braucht man weniger geistige Schärfe
als vielmehr Langmut und Durchhaltevermögen. Anders ausgedrückt: Ein Autor muss nach einer gewissen Zeit in der Lage
sein, die »Schärfe einer Rasierklinge« in die eines Hackmessers
umzuwandeln. Und irgendwann muss er das Hackmesser in eine
Axt verwandeln. Wer mehrere solcher Wandlungen glücklich
übersteht, erreicht als Autor eine höhere Ebene und wird eventuell seine Epoche überdauern. Wem dies jedoch nicht gelingt,
der wird unterwegs mehr oder weniger verschwinden oder seiner
Präsenz beraubt sein. Oder er richtet sich entspannt an einem
für scharfsinnige Menschen geeigneten Platz ein.

Doch »sich entspannt einzurichten« ist für einen Schriftsteller, wenn ich das offen sagen darf, gleichbedeutend mit dem Verlust seiner Kreativität. Schriftsteller sind wie Fische. Wenn sie nicht ständig gegen den Strom schwimmen, sterben sie.

Deshalb hege ich großen Respekt gegenüber Schriftstellern – das heißt, gegenüber meinen Kollegen –, die jahrelang unermüdlich daran festhalten, Romane zu schreiben. Es versteht sich von selbst, dass ich, was ihre Werke betrifft, persönliche Vorlieben und Abneigungen hege. Indessen bin ich davon überzeugt, dass Autoren, die seit über zwanzig oder dreißig Jahren schreiben und sich einen festen Leserstamm erobert haben, über so etwas wie einen außergewöhnlichen, starken Kern verfügen. Einen inneren Antrieb, der sie zum Schreiben bringt. Die konsequente Beharrlichkeit, sich über lange Zeit einer einsamen Beschäftigung zu widmen. Meiner Ansicht nach macht genau das die besondere Fähigkeit eines Berufsschriftstellers aus.

Einen Roman zu schreiben ist nicht besonders schwierig. Auch einen ausgezeichneten Roman zu schreiben ist je nach Person nicht allzu schwierig. Ich will nicht behaupten, dass es einfach ist, aber unmöglich ist es nicht. Ausnehmend schwierig ist es jedoch, unentwegt Romane zu schreiben. Nicht jeder kann das. Wie gesagt, braucht man dazu diese besondere Fähigkeit zur Beharrlichkeit, die sich von gewöhnlichem Talent unterscheidet.

Wie aber lässt sich herausfinden, ob man diese Eignung besitzt? Darauf gibt es nur eine Antwort. Man muss ins kalte Wasser springen und sehen, ob man schwimmt oder untergeht. Es klingt vielleicht brutal, aber nur so lässt es sich herausfinden. Auch wer keine Romane schreibt, kann ein erfülltes, geglücktes Leben führen. Wer jedoch schreiben will oder nicht anders kann, der schreibt. Und schreibt immer weiter. Als Schriftsteller heiße ich solche Menschen natürlich besonders herzlich willkommen.

Ring frei!

2 WIE ICH SCHRIFTSTELLER WURDE

Als ich meinen ersten Roman schrieb und den Nachwuchspreis der Literaturzeitschrift *Gunzo* erhielt, war ich dreißig Jahre alt und hatte schon einiges an Lebenserfahrung gesammelt, auch wenn ich natürlich nicht behaupten kann, dass sie ausreichte. Es handelte sich um eine Art von Lebenserfahrung, die sich etwas von der eines normalen, durchschnittlichen Menschen unterschied. Normale Menschen schließen zunächst die Universität ab, suchen sich eine Anstellung, lassen einige Zeit vergehen und heiraten, nachdem sie jene erste Phase abgeschlossen haben. Ursprünglich hatte auch ich die Absicht, so vorzugehen. Das heißt, ich hatte es mir im Großen und Ganzen so vorgestellt. Immerhin war das die allgemein anerkannte Reihenfolge. Und mir war (weder im Guten noch im Schlechten) niemals der monströse Gedanke gekommen, mich gegen den gesunden Menschenverstand zu kehren.

Doch dann heiratete ich zuerst, fing gezwungenermaßen an zu arbeiten und schloss erst später endlich mein Studium ab. Ich stellte also die Reihenfolge auf den Kopf. Irgendwie hatte es sich so ergeben. Im Leben läuft eben nicht immer alles nach Plan.

Ich habe zuerst geheiratet (es würde zu lange dauern zu erklären, warum, also überspringe ich diesen Teil), aber weil es mir unangenehm war, mir eine feste Stelle in einer Firma zu suchen (zu erklären, warum mir das unangenehm war, würde ebenfalls zu lange dauern, also lasse ich das auch weg), beschloss ich, ein eigenes Lokal zu eröffnen. Ein Lokal, in dem ich Jazzplatten spielen und Kaffee, alkoholische Getränke sowie kleine Speisen servieren würde. Ich war damals verrückt nach Jazz (ich höre auch heute noch viel Jazz) und stellte mir – vielleicht ein wenig naiv – vor, dass ich auf diese Weise von morgens bis abends meine Lieblingstitel hören könnte. Als frischverheiratete Studenten hatten wir natürlich so gut wie kein Geld. Also hatten meine Frau und ich drei Jahre lang mehrere Jobs gleichzeitig und liehen uns dazu überall so viel zusammen, wie wir konnten. Als wir endlich genug Geld hatten, eröffneten wir in Kokubunji, am westlichen Rand von Tokio, ein Lokal. Das war im Jahr 1974.

Zu der Zeit war dies nicht so übertrieben teuer wie heute, und viele junge Leute, die wie ich keine Festanstellung wollten und lieber dem System den Rücken kehrten, eröffneten kleine Geschäfte, Cafés, Restaurants, Gemischtwarenläden oder Buchhandlungen. In der näheren Umgebung unserer Bar gab es mehrere Läden, die Leuten in unserem Alter gehörten. Viele von ihnen entstammten der versprengten Studentenbewegung, waren sozusagen die Überreste einer Gegenkultur. Zu jener Zeit gab es noch so etwas wie Nischen auf der Welt. Und wenn man eine Nische entdeckt hatte, in die man hineinpasste, konnte man darin überleben. Es war eine zwar etwas wilde, aber aufregende Zeit.

Ich holte das Klavier, das wir zu Hause hatten, in unser Lokal und veranstaltete an den Wochenenden Live-Auftritte. In Musashino und Umgebung lebten viele junge Jazzmusiker, die (so hoffe ich) gern für eine geringe Gage bei uns auftraten. Viele von ihnen sind heute namhafte Musiker, damals aber waren wir alle jung und voller Motivation. Leider warfen unsere Unternehmungen für beide Seiten nur wenig Profit ab.

Nun taten wir etwas, das uns gefiel, auch wenn wir es nicht leicht hatten, weil wir ja das viele Geld zurückzahlen mussten, das wir uns von der Bank und von Freunden geliehen hatten. Das Geld von den Freunden konnten wir nach ein paar Jahren mit Zinsen komplett zurückzahlen, indem wir von morgens bis abends arbeiteten und kaum anständig aßen. Aber das ist ja ganz normal. Damals waren wir – das heißt meine Frau und ich – ziemlich anspruchslos und führten ein spartanisches Leben. Wir hatten keinen Fernseher, kein Radio und keinen Wecker. Unsere Wohnung hatte keine Heizung, und in kalten Wintern konnten wir nur schlafen, wenn wir unsere vier Katzen fest im Arm hielten. (Auch sie schmiegten sich fast verzweifelt an uns.)

Als meine Frau und ich eines Monats den Betrag für die Rückzahlung an die Bank partout nicht aufbringen konnten, gingen wir noch spätabends verzagt und mit gesenkten Köpfen durch die Straßen. Da lag plötzlich Geld vor uns auf der Straße. Wie soll ich es nennen? Zufall oder glückliche Fügung? Jedenfalls war es exakt die Summe, die uns für den nächsten Tag noch fehlte. Ohne diesen Fund hätten wir unsere Schulden bei der Bank nicht zahlen können. Wir waren gerade noch einmal davongekommen. (Mir sind übrigens schon öfter in entscheidenden Augenblicken meines Lebens derlei unerklärliche Dinge passiert.) Eigentlich hätten wir es der Polizei melden müssen, aber damals konnten wir uns den Luxus solcher Ehrlichkeit nicht leisten. Es tut mir leid, aber jetzt nützt es auch nichts mehr, sich zu entschuldigen. Stattdessen habe ich mich bemüht, es der Gesellschaft in anderer Form zurückzuzahlen.

Ich will nicht klagen, aber im Grunde war das Leben, das ich in meinen Zwanzigern führte, ziemlich hart. Natürlich gibt es auf der Welt eine Menge Menschen, die es weit schwerer haben als ich. »Was soll daran denn hart sein?«, würden sie fragen und hätten zweifellos recht damit. Doch wie dem auch sei, mir persönlich genügte es.

Eines aber ist sicher: Es war eine schöne Zeit. Wir waren jung und gesund, herrschten in unserem eigenen kleinen Reich und hörten den ganzen Tag lang Musik, die uns gefiel. Ich musste weder in überfüllten Zügen pendeln noch an langweiligen Sitzungen teilnehmen noch vor einem Chef buckeln, den ich nicht leiden konnte. Außerdem lernte ich eine Menge interessanter Menschen kennen.

Und noch etwas war sehr wichtig: Ich lernte in dieser Zeit, was »Gesellschaft« bedeutet. Das klingt vielleicht ein bisschen bieder oder albern, aber ich wurde, kurz gesagt, erwachsen. Ich war immer wieder mit dem Kopf gegen die Wand gerannt und hatte es endlich geschafft, der Gefahrenzone zu entkommen. Man hatte mir gemeine Dinge gesagt und mich mies behandelt, und manchmal bereute ich meinen Entschluss schon ein wenig. Damals war das sogenannte »Mizu-shobai«, das Amüsiergewerbe, gesellschaftlich ziemlich geächtet. Ich arbeitete nahezu rund um die Uhr und ertrug das meiste einfach schweigend. Es kam sogar vor, dass ich betrunkene Wüstlinge aus dem Lokal werfen musste, aber im Sturm bleibt einem eben nichts anderes übrig, als den Kopf einzuziehen. Jedenfalls konnte ich an nicht viel anderes denken als daran, das Lokal zu halten und das geliehene Geld zurückzuzahlen.

Aber diese schwierigen Jahre vergingen wie im Flug, wir überlebten ohne größere Blessuren und konnten in etwas größere Räumlichkeiten umziehen. Und als ich mich aufatmend umschaute, lag eine neue Szenerie vor mir, wie ich sie nie zuvor gesehen hatte, und inmitten dieser Szenerie stand ein neues Ich. Ehe ich michs versah, war ich ein bisschen härter und auch ein bisschen weiser als früher geworden (natürlich nur ein ganz kleines bisschen).

Es liegt nicht in meiner Absicht, andere aufzufordern, ein möglichst beschwerliches Leben zu führen. Ehrlich gesagt, hätte ich es sehr viel angenehmer gefunden, ohne all diese Mühen davonzukommen. Das ist ganz normal, die Härten des Lebens sind nie erfreulich und können je nach Person sogar sehr entmutigend sein. Es gibt wahrscheinlich viele Fälle, in denen jemand anschließend nicht wieder auf die Füße kommt. Aber wenn Sie sich ganz fürchterlich fühlen, weil Sie in irgendeiner Krise stecken, möchte ich Ihnen sagen, dass Ihnen die Situation im Augenblick zwar unerträglich erscheinen mag, aber später vermutlich Früchte tragen wird. Ich weiß nicht, ob das ein Trost ist, aber denken Sie daran, halten Sie durch und machen Sie weiter.

Aus heutiger Sicht war ich, bis ich zu arbeiten begann, einfach ein »normaler Jugendlicher«. Ich wuchs in einem ruhigen vorstädtischen Wohngebiet in der Region Osaka-Kobe auf, bekam, obwohl ich kaum lernte, verhältnismäßig gute Noten, hatte keine Probleme und machte keine Probleme. Schon immer las ich unheimlich gern und griff eifrig nach jedem Buch. Als ich in der

Mittel- und Oberstufe war, gab es um mich herum niemanden, der solche Mengen von Büchern las wie ich. Außerdem mochte ich Musik und ließ mich ständig davon berieseln. Natürlich blieb da nicht viel Zeit zum Lernen für die Schule. Ich war ein Einzelkind, wurde grundsätzlich geliebt (oder, anders gesagt, verwöhnt) und hatte so gut wie keine belastenden Erlebnisse. Ich war geradezu rührend naiv.

Als ich Ende der 1960er-Jahre nach Tokio ging, um an der Waseda-Universität zu studieren, hatten die Studentenunruhen gerade ihren Höhepunkt erreicht, und die Universität blieb lange geschlossen. Am Anfang wurde sie von den Studenten bestreikt, später wurden wir von der Universität ausgesperrt. Es fand in dieser Zeit so gut wie kein Unterricht statt, und ich führte mein Studentenleben ziemlich aufs Geratewohl.

Einer Gruppe beizutreten und gemeinsam etwas zu unternehmen liegt mir von Natur aus nicht besonders – weshalb ich auch nie irgendeiner Sekte beigetreten bin –, aber grundsätzlich unterstützte ich die Studentenbewegung und nahm an Aktionen teil, soweit mein persönlicher Rahmen es mir erlaubte. Doch nachdem die Konflikte zwischen den Gruppierungen sich vertieft hatten und ein Mensch bei sogenannter »innerer Gewalt« ums Leben gekommen war (in dem Raum des Fachbereichs Literatur, den wir immer benutzten, war ein unpolitischer Student ermordet worden), war ich wie die meisten Studenten von der Bewegung desillusioniert. Sie beinhaltete zu viel Irriges und Falsches. Das gesunde Einschätzungsvermögen war verloren gegangen. Nachdem der Sturm über uns hinweggefegt war, blieb uns nur der schlechte Nachgeschmack der Enttäuschung. So richtig Wahlsprüche und so schön deutliche Botschaften auch sein mögen, so ist solch ein Denken ohne moralische Kraft doch nicht mehr als eine Ansammlung leerer Worte. Das habe ich damals selbst erfahren und glaube noch heute fest daran. Worte haben Macht, aber sie sollten einer gerechten Sache dienen. Sie dürfen nicht allein für sich durch die Gegend spazieren.

Also zog ich mich wieder in mein privates Reich der Bücher, Filme und Musik zurück und richtete mich darin ein. Ich jobbte damals über längere Zeit in einem Nachtclub in Kabukicho, dem Rotlichtviertel von Shinjuku, und verkehrte daher mit den unterschiedlichsten Menschen. Ich weiß nicht, wie es heute ist, aber damals trieben sich dort nachts alle möglichen so interessanten wie undurchsichtigen Leute herum. Es gab viel Seltsames, Vergnügliches, ziemlich Gefährliches und auch Betrübliches. Auf alle Fälle lernte ich im lebendigen, chaotischen, bisweilen zwielichtigen und rauen Kabukicho mehr Facetten des Lebens kennen als an der Universität oder unter meinesgleichen, wodurch ich mir eine gewisse Lebenserfahrung aneignete. Im Englischen gibt es den Begriff »streetwise«. Er bedeutet, dass man sich praktische Kenntnisse angeeignet hat, um in der Großstadt zu überleben, und diese Umgebung schien letzten Endes besser zu mir zu passen als akademische Zusammenhänge. Ehrlich gesagt, interessierte mich mein Universitätsstudium so gut wie überhaupt nicht.

Ich war verheiratet, ich hatte Arbeit, und eigentlich hätte mir ein Examen gar nichts genützt. Aber da man nach dem damaligen System an der Waseda nur Studiengebühren für Scheine bezahlen musste, die man gemacht hatte, und mir nicht mehr so viele fehlten, besuchte ich in meiner Freizeit Veranstaltungen und machte nach ungefähr sieben Jahren mein Examen. In meinem letzten Jahr nahm ich an einer Vorlesung von Professor

Shinya Ando über Racine teil, aber weil ich zu oft gefehlt hatte, um einen Schein zu machen, suchte ich den Professor in seinem Büro auf. Als ich ihm erzählte, dass ich bereits verheiratet sei, jeden Tag arbeite und deshalb seine Vorlesung nicht regelmäßig habe hören können, kam er eigens in mein Lokal in Kokubunji. »Sie haben es wirklich nicht leicht, junger Mann«, sagte er, als er ging. Am Ende stellte er mir den Schein trotz allem aus. Er war wirklich ein gütiger Mann. Früher (ich weiß nicht, wie es heute ist) gab es an den Universitäten solche großherzigen Professoren. Schade, dass ich mich an den Inhalt seiner Vorlesung kaum erinnern kann.

Drei Jahre lang führte ich das Lokal im Untergeschoss eines Gebäudes am Südausgang vom Bahnhof Kokubunji. Es kamen immer mehr Gäste, und nach und nach konnten wir unsere Schulden zurückzahlen. Doch dann eröffnete mir der Hausbesitzer unvermittelt, wir müssten ausziehen, weil er das Gebäude ausbauen wolle. Es blieb uns nichts anderes übrig, als Kokubunji zu verlassen. (Einfach war das allerdings nicht, wir hatten jede Menge Schwierigkeiten, aber wenn ich einmal davon anfange, nimmt das kein Ende ...). Wir zogen also in die Innenstadt nach Sendagaya. Die Räumlichkeiten dort waren größer und heller als die vorherigen, und wir konnten einen Flügel für Liveauftritte aufstellen, was eine schöne Sache war, aber dafür mussten wir erneut Schulden machen. Es wollte einfach keine Ruhe einkehren. (Rückblickend sollte das zu einer Art Leitmotiv für mein Leben werden.)

So kam es, dass ich zwischen meinem zwanzigsten und dreißigsten Lebensjahr von morgens bis abends schwer arbeitete und ständig dabei war, irgendwelche Schulden zu tilgen. Wenn ich an diese Zeit zurückdenke, erinnere ich mich nur daran, dass ich immerzu arbeitete. Normalerweise verbringen junge Leute in diesem Alter wahrscheinlich mehr Zeit mit Vergnügungen, aber ich konnte es mir weder zeitlich noch wirtschaftlich erlauben, »der Jugend frohe Stunden« zu genießen. Dennoch las ich in jeder freien Minute. Jedes Buch, das mir in die Hände fiel. Lesen und Musikhören waren mir das Schönste, ganz gleich, wie viel ich zu tun hatte und wie ausgelaugt ich war. Diese Freude konnte mir niemand nehmen.

Als ich Ende zwanzig war, lief das Lokal in Sendagaya endlich richtig gut. Wir hatten noch immer Schulden, das Geschäft ging mal besser, mal schlechter, und richtig zurücklehnen konnten wir uns daher nicht; trotzdem stellte sich das Gefühl ein, es allmählich geschafft zu haben.

Ich glaube nicht, dass ich ein besonderes Talent zum Geschäftsmann habe, und da ich von Natur aus kein leutseliger und geselliger Charakter bin, eigne ich mich nicht besonders für das Dienstleistungsgewerbe, doch andererseits entspricht es meinem Wesen, mich ohne Wenn und Aber für eine Sache einzusetzen, an der mir etwas liegt. Das war wohl auch der Grund dafür, dass unser Lokal so gut lief. Weil ich Musik mag, war es für mich grundsätzlich ein Glück, beruflich damit zu tun zu haben. Doch nun ging ich mit einem Mal auf die dreißig zu, das hieß, ich war plötzlich nicht mehr jung. Ich weiß noch, was für ein seltsames Gefühl das war. So ist das also, so schnell vergeht das Leben, dachte ich.

An einem sonnigen Nachmittag im April 1978 ging ich ins Tokioter Jingu-Stadion, um mir das Eröffnungsspiel der Central League anzuschauen, das zwischen den Yakult Swallows und den Hiroshima Carps stattfand. Es begann am frühen Nachmittag um eins. Ich war damals ein Fan der Swallows, und da wir in der Nähe des Jingu-Stadions wohnten, machte ich häufiger Spaziergänge dorthin.

Die Swallows waren damals eine ziemlich schwache Mannschaft, sie spielten seit Ewigkeiten in der B-Liga, hatten kein Geld und demzufolge auch keine prominenten Spitzenspieler. Entsprechend wenig populär waren sie. Obwohl es sich um ein Eröffnungsspiel handelte, gab es kaum Zuschauer. Ich lümmelte mich so gut wie allein auf dem Rasen und trank ein Bier, während ich das Spiel verfolgte. Das Jingu-Stadion hatte damals keine Sitzplätze auf dem Außenfeld – man ließ sich einfach auf der Böschung nieder. Der Himmel war klar, das Bier war kalt, und der weiße Ball hob sich deutlich von dem grünen Rasen ab, den ich seit Längerem einmal wieder sah. Baseball sollte man sich wirklich im Stadion ansehen, das ist das einzig Wahre.

Der erste Schlagmann der Swallows war ein schlanker, unbekannter Spieler namens Dave Hilton aus Amerika. Er führte den ersten Schlag aus. Als Nummer vier spielte Charlie Manuel. Er wurde später als Manager der Indians und der Phillies berühmt. Doch damals war er ein schlagkräftiger, unerschrockener Batter, der von den japanischen Fans »der rote Dämon« genannt wurde.

Der erste Pitcher der Hiroshima Carps war Satoshi Takahashi, glaube ich. Für Yakult spielte Yasuda. Als Takahashi in der zweiten Hälfte des Innings eröffnete, schlug Hilton den Ball sauber nach links und erzielte einen Two-Base-Hit. Der schöne satte Ton, mit dem der Ball auf den Schläger traf, hallte im ganzen Stadion wider. Es ertönte vereinzelter Applaus. Und just in diesem Moment kam mir völlig zusammenhanglos der Gedanke: »Das ist es! Ich werde einen Roman schreiben.«

Ich erinnere mich noch ganz genau an diesen Augenblick. Ich

hatte das Gefühl, etwas wäre langsam vom Himmel gesegelt und ich hätte es mit den Händen aufgefangen. Warum es zufällig in meinen Händen landete, weiß ich nicht. Ich weiß es bis heute nicht. Doch was auch immer der Grund sein mag, es ist geschehen. Es war – wie soll ich sagen – wie eine Offenbarung. Am besten passt wahrscheinlich der Ausdruck »Epiphanie«. An jenem Nachmittag geriet plötzlich etwas in mein Blickfeld, das meine Perspektive völlig veränderte. In dem Moment, als Dave Hilton im Jingu-Stadion den schönen Two-Base-Hit erzielte, wurde mein Leben ein anderes.

Als das Spiel zu Ende war (ich weiß noch, dass die Swallows gewannen), ging ich in ein Schreibwarengeschäft, um mir Manuskriptpapier und einen Füller (ein Sailor-Modell für 2000 Yen) zu kaufen. Computer gab es damals noch nicht, und man schrieb jedes einzelne Zeichen mit der Hand. Dennoch vermittelten mir diese Gegenstände ein ganz neues Gefühl. Ich weiß noch, wie aufgeregt ich war. Es war schon ziemlich lange her, dass ich mit einem Füller auf Manuskriptpapier geschrieben hatte.

Spätabends, sobald wir die Bar geschlossen hatten, setzte ich mich an den Küchentisch und begann zu schreiben. Die paar Stunden bis zum Morgengrauen waren meine einzige freie Zeit. So schrieb ich innerhalb eines halben Jahres den Roman *Wenn der Wind singt* (anfangs hatte er einen anderen Titel). Als die Baseball-Saison endete, hatte ich die erste Fassung fertig. Übrigens übertrafen die Yakult Swallows in diesem Jahr alle Erwartungen. Sie gewannen die Liga und schlugen danach sogar die Hankyu Braves, die über die besten Werfer in ganz Japan verfügten. Es war wirklich eine herrliche und magische Spielzeit.

Wenn der Wind singt ist ein kurzer Roman von nur 200 Manuskriptseiten. Aber ihn zu schreiben kostete mich große Mühe. Zum einen hatte ich kaum Zeit, vor allem aber hatte ich keine Ahnung, wie man eine literarische Erzählung schreibt. Ich hatte so gut wie alle russischen Romane des 19. Jahrhunderts und massenweise amerikanische Taschenbücher verschlungen, aber ernsthafte moderne japanische Romane (sogenannte »Hochliteratur«) hatte ich nie systematisch gelesen. Ich hatte keine Ahnung, welche Romane gerade in Japan *en vogue* waren, und auch nicht, wie ich einen schreiben sollte.

Ach, es wird schon gehen, dachte ich und schrieb in den paar Monaten einen Erzähltext, wie ich ihn mir in etwa vorstellte. Leider war ich, als ich ihn dann las, selbst nicht gerade beeindruckt von meinem Werk. Junge, Junge, dachte ich verzagt. Was soll ich damit jetzt machen? Es hatte zwar ungefähr die Form eines Romans, las sich aber weder interessant, noch erweckte es in mir den Wunsch, es zu Ende zu lesen. Und wenn schon der, der den Text geschrieben hatte, so empfand, wie musste sich dann erst der Leser fühlen! Offenbar hatte ich doch kein Talent zum Schreiben. Normalerweise hätte ich an diesem Punkt einfach aufgegeben, doch in meinen Händen spürte ich noch ganz deutlich die Epiphanie, die mir auf dem Rasen im Jingu-Stadion zuteilgeworden war.

Nach eingehender Überlegung begriff ich, dass mein Unvermögen ganz natürlich war. Ich hatte ja in meinem Leben noch nie einen Roman geschrieben. Wie konnte ich erwarten, gleich beim ersten Versuch etwas Bahnbrechendes hervorzubringen? Man konnte sich ja wohl nicht einfach vornehmen, einen guten Roman zu schreiben. Aber wenn ich sowieso keinen guten Roman schreiben konnte, warum dann nicht alle meine vorgefertigten Ansichten über Romane und Literatur über Bord werfen und einfach frei von der Leber weg schreiben?

Wobei »einfach frei von der Leber weg schreiben« einfacher klingt, als es ist. Besonders für einen Unerfahrenen ist es ein nahezu unmögliches Unterfangen. Um meine Einstellung von Grund auf zu revolutionieren, beschloss ich, vorläufig auf den Füller zu verzichten, der eine irgendwie »literarische« Attitüde in mir hervorrief. Stattdessen holte ich die Olivetti mit lateinischer Tastatur hervor, die wir im Schrank stehen hatten. Ich wollte meinen Romananfang versuchsweise auf Englisch verfassen und versuchen, etwas »Außergewöhnliches« zustande zu bringen. Was hatte ich schon zu verlieren?

Meine Beherrschung der englischen Sprache war natürlich nicht gerade berauschend. So stand mir nur eine begrenzte Anzahl an Vokabeln und Konstruktionen zur Verfügung, und meine Sätze gerieten naturgemäß sehr kurz. Ganz gleich, welche komplizierten Gedanken ich in meinem Kopf ausbrütete, auf Englisch konnte ich sie so nicht ausdrücken. Also formulierte ich ihren Inhalt in möglichst einfachen Worten, paraphrasierte leicht verständlich, entfernte alles Überflüssige aus meinen Schilderungen und beschränkte mich auf das, was in meinem begrenzten Gefäß Platz fand. Ein roher, sehr kompakter Text entstand. Während ich mich mühsam vorarbeitete, entwickelte ich allmählich einen persönlichen Rhythmus.

Ich bin ein in Japan geborener Japaner, und die japanische Sprache hat seit meiner Kindheit mein Leben bestimmt. Mein ganzes inneres System ist mit japanischen Wörtern und Begrifflichkeiten beladen wie ein bis unters Dach vollgestopfter Schuppen. Wenn ich also die Gefühle und Bilder in mir in Worte umzuwandeln versuche, entsteht ein hektisches Kommen und Gehen, das mitunter gar zum Systemabsturz führen kann. Doch durch die begrenzten Ausdrucksmöglichkeiten, die mir in der Fremdsprache zur Verfügung standen, konnte das nicht passieren. Damals entdeckte ich, dass man auch mit einer geringen Anzahl von Wörtern und Wendungen Gefühle und Wünsche zum Ausdruck bringen kann, sofern es einem gelingt, sie wirkungsvoll zu verbinden und diese Kombinationen effektiv einzusetzen. Es ist, mit anderen Worten, nicht nötig, komplizierte Sätze aneinanderzureihen. Und es bedarf erst recht keiner blumigen Ausdrucksweise, um andere Menschen zu beeindrucken.

Erst viel später fand ich heraus, dass die Schriftstellerin Ágota Kristóf mehrere ausgezeichnete Romane in einem ähnlich abgespeckten Stil geschrieben hatte. Sie war Ungarin und musste während des Ungarnaufstands 1956 in die Schweiz fliehen, wo sie nachgerade unfreiwillig begann, auf Französisch zu schreiben, in einer Fremdsprache, die sie sich erst aneignen musste. Doch mittels der fremden Sprache gelang es ihr, einen völlig neuen Stil hervorzubringen. Ihre Prosa verfügt über den schönen Rhythmus der kurzen Sätze, eine unmittelbare, unumwundene Ausdrucksweise und präzise Beschreibungen ohne Effekthascherei. Und auch ohne schwere Geschütze aufzufahren, schaffte sie es, unter der Oberfläche ihrer Texte eine rätselhafte Atmosphäre zu erzeugen. Ich erinnere mich noch gut, dass ich, als ich zum ersten Mal einen Roman von ihr las, etwas Vertrautes darin verspürte. *Das große Heft*, ihr erster auf Französisch geschriebener Roman, erschien 1986, etwa sieben Jahre nach *Wenn der Wind singt*.

Als ich entdeckt hatte, welche interessanten Ergebnisse ich erzielte, wenn ich in einer fremden Sprache schrieb, und mir einen eigenen Schreibrhythmus angeeignet hatte, packte ich die

Schreibmaschine mit der lateinischen Tastatur wieder in den Schrank. Ich setzte mich mit Manuskriptpapier und Füller an den Schreibtisch und »übersetzte« das, was ich auf Englisch geschrieben hatte, ins Japanische. Ich nenne es zwar »übersetzen«, aber natürlich handelte es sich nicht um eine wörtliche Übertragung, sondern eher um eine freie Anverwandlung. Und es fiel mir wie Schuppen von den Augen: Auf diese Weise kam unweigerlich ein neuer japanischer Stil zustande, der zugleich mein eigener war. Der Stil, den ich selbst gefunden hatte. Sieh mal an, dachte ich, so kannst du auf Japanisch schreiben.

Hin und wieder bekomme ich zu hören, meine Sätze klängen wie übersetzt. Ich weiß nicht, was genau damit gemeint ist, aber ich vermute, es trifft einerseits zu und andererseits auch wieder nicht. Dieses erste Kapitel hatte ich tatsächlich »übersetzt«, zumindest was den praktischen Vorgang betraf. Mein Ziel war es, einen flexiblen, »neutralen« Stil zu schaffen, der auf überflüssige Schnörkel verzichtete. Ich wollte kein gesichtsloses, verwässertes Japanisch schreiben, sondern einen eigenen natürlichen Erzählton kreieren, der von dem üblichen »romanhaften Stil« der sogenannten »Hochliteratur« möglichst weit entfernt war. Dafür musste ich zu ungewöhnlichen und riskanten Mitteln greifen. Und wenn ich ehrlich bin, war die japanische Sprache damals für mich genau das – ein Mittel zum Zweck.

Offenbar gibt es Menschen, die dies als eine Beleidigung der japanischen Sprache auffassen. Aber Sprachen sind von Natur aus zäh und unverwüstlich. Sie verfügen über enorme Kräfte, die sich auf eine lange Geschichte stützen. Wer auch immer wie auch immer mit ihnen verfährt, es ist unmöglich, ihre Identität und Autonomie zu schädigen, auch wenn mehr oder weniger rau mit ihnen umgegangen wird. Mit allen in der Sprache zur Verfügung stehenden Möglichkeiten und Mitteln zu experimentieren ist das Vorrecht eines jeden Schriftstellers, und wer dazu nicht den Mut und den Abenteuergeist aufbringt, wird nie etwas Neues schaffen. Für mich ist die japanische Sprache auch heute noch in gewissem Sinne ein Werkzeug. Und wenn man sich an diesen Werkzeugcharakter hält, hat dies, etwas großspurig ausgedrückt, eine Erneuerung der japanischen Sprache zur Folge. Davon bin ich überzeugt.

Jedenfalls verwendete ich den Stil, den ich mir auf diese Weise angeeignet hatte, und schrieb die bereits fertige »langweilige« Fassung meines Romans von Anfang bis Ende um. Die Handlung selbst blieb im Großen und Ganzen dieselbe, aber der Stil war ein gänzlich anderer. Auch las sich die Geschichte nun völlig anders. So ist *Wenn der Wind singt* in seiner heutigen Gestalt entstanden. Richtig zufrieden war ich mit dem Roman allerdings nie. Als ich ihn wieder las, fand ich ihn unreif und voller Fehler. Ich hatte vielleicht ein Drittel oder allenfalls die Hälfte von dem ausdrücken können, was ich eigentlich hatte sagen wollen. Dass ich jedoch zum ersten Mal einen vollständigen Roman in einer einigermaßen überzeugenden Form verfasst hatte, gab mir das Gefühl, einen bedeutenden Schritt weitergekommen zu sein. Mit anderen Worten, es war mir offenbar bis zu einem gewissen Grad gelungen, jene Epiphanie auf meine besondere Art umzusetzen.

So hatte ich beim Schreiben weniger das Gefühl gehabt, »einen Text zu verfassen«, als vielmehr »ein Musikstück zu spielen«, ein Gefühl, das ich mir bis heute sorgsam bewahrt habe. Kurz gesagt, statt einen Text in meinem Kopf zu erzeugen, schreibe ich ihn wohl eher aus einer sinnlichen Empfindung heraus. Ich halte einen bestimmten Rhythmus ein, suche nach schönen

Klangfolgen und glaube an die Kraft der musikalischen Improvisation. Jedenfalls war ich, wenn ich des Nachts am Küchentisch saß und in meinem frischgebackenen Stil schrieb, so aufgeregt, als hätte ich ein brandneues Werkzeug in der Hand. Es war die reine Freude. Und zumindest schien es die Leere in meinem Herzen zu füllen, die ich vor meinem dreißigsten Lebensjahr empfunden hatte.

Würde ich den »langweiligen« Text, den ich zuerst geschrieben hatte, neben *Wenn der Wind singt* in seiner heutigen Gestalt legen und beide miteinander vergleichen, träte der Unterschied sicher deutlich hervor, aber leider geht das nicht, weil ich die »langweilige« Fassung damals vernichtete. Überdies habe ich so gut wie keine Erinnerung daran. Ich hätte den Text natürlich aufheben sollen, aber ich dachte, ich würde ihn nicht mehr brauchen, und warf ihn daher einfach in den Müll. Meine einzige Erinnerung ist, dass mir das Schreiben keinen großen Spaß machte. Einen solchen Text zu schreiben macht eben kein Vergnügen, denn ich hatte diesen Stil nicht auf natürliche Weise aus mir selbst entwickelt. Es war, als würde ich mich in einem Anzug bewegen, der mir nicht passte.

Eines schönen Sonntagmorgens im Frühling erhielt ich den Anruf eines Redakteurs der Literaturzeitschrift *Gunzo*, die monatlich von Kodansha herausgegeben wird. »Herr Murakami«, sagte er, »der Roman *Wenn der Wind singt*, den Sie eingereicht haben, ist für unseren Nachwuchspreis nominiert.« Seit jenem Eröffnungsspiel im Jingu-Stadion war fast ein Jahr vergangen, und ich hatte meinen dreißigsten Geburtstag gefeiert. Es war elf Uhr am Vormittag, glaube ich, aber ich hatte noch fest geschlafen, weil ich am Abend zuvor bis spät gearbeitet hatte. Schlaftrunken nahm ich den Hörer ab und begriff zuerst gar nicht richtig, was mir der Anrufer mitteilte. Offen gesagt, hatte ich schon fast vergessen, dass ich das Manuskript an die Redaktion von *Gunzo* geschickt hatte. Ich hatte es fertig geschrieben und jemandem übergeben. Damit war mein Bedürfnis, »etwas zu schreiben«, befriedigt gewesen. Für mich war es ein Werk, das ich eben einfach heruntergeschrieben hatte. Deshalb war ich sogar etwas trotzig und hatte überhaupt nicht damit gerechnet, für einen Preis nominiert zu werden. Ich hatte das Manuskript nicht einmal kopiert. Wäre ich nicht nominiert worden, wäre es wahrscheinlich für immer verschwunden (denn die Manuskripte wurden nicht zurückgeschickt). Und ich hätte vielleicht nie wieder einen Roman geschrieben. Das Leben geht doch manchmal seltsame Wege.

Dem Redakteur zufolge waren fünf Einsendungen einschließlich meiner eigenen in die Endausscheidung gelangt. Aha, dachte ich, war aber so verschlafen, dass die Realität des Ganzen nicht zu mir durchdrang. Ich stand auf, wusch mich, zog mich an und machte mit meiner Frau einen Spaziergang. Als wir an der örtlichen Grundschule vorbeikamen, sahen wir im Gebüsch eine Brieftaube sitzen. Sie schien sich am Flügel verletzt zu haben, und ich hob sie auf. An einem Bein trug sie einen Ring mit einem Namen. Die Taube behutsam mit beiden Händen umschließend, trug ich sie zum nächstgelegenen Polizeihäuschen an der Omotesando in Aoyama. Auf unserem Weg durch die Nebenstraßen von Harajuku spürte ich die Wärme der verletzten Taube. Sie zitterte ein wenig. Es war ein frischer Sonntag, und die Bäume, die Häuser und die Schaufenster glänzten in der Frühlingssonne.

Da wusste ich es plötzlich. Ich würde den *Gunzo*-Nachwuchspreis bekommen. Und Schriftsteller werden. Und Erfolg haben. Vielleicht wirkt es unbescheiden, aber ich war fest davon überzeugt. Es hatte nichts mit Logik zu tun, es war reine Intuition.

Ich erinnere mich noch sehr genau an das, was ich vor dreißig Jahren auf der Böschung im Jingu-Stadion empfand, als mir dieses Etwas in die Hände geflattert kam. Ein Jahr später, an jenem Frühlingsnachmittag, weckte die Wärme der verletzten Taube, die ich an der Grundschule von Sendagaya fand, dasselbe Gefühl in mir. Und immer wenn ich darüber nachdenke, was es bedeutet, einen Roman zu schreiben, kommt es mir wieder in den Sinn. Diese Erinnerungen lassen mich an mich selbst glauben und von den Möglichkeiten träumen, die daraus erwachsen. Es ist wunderbar, dass dieses Gefühl noch immer in mir fortbesteht.

An dem Wohlgefühl und dem Vergnügen, das ich empfand, als ich meinen ersten Roman schrieb, hat sich im Grunde nichts geändert. Ich stehe jeden Morgen früh auf, mache mir in der Küche Kaffee, gieße ihn in einen großen Becher, nehme ihn mit an meinen Schreibtisch und fahre den Computer hoch (mitunter denke ich dabei mit Wehmut an das 400-Zeichen-Manuskriptpapier und den dicken Füllfederhalter von Montblanc, mit dem ich lange Zeit am liebsten schrieb). Dann überlege ich, was ich schreiben möchte. In dieser Zeit bin ich wirklich glücklich. Offen gesagt, habe ich Schreiben kein einziges Mal mehr als etwas Mühsames empfunden. Auch habe ich die quälende Erfahrung, nicht schreiben zu können, bisher (erfreulicherweise) nicht gemacht. Oder besser gesagt: Eigentlich hat es keinen Sinn, einen Roman zu schreiben, wenn es kein Vergnügen bereitet. Würde ich das Schreiben für eine Schufterei halten, könnte ich mich nie daran gewöhnen. Eine Geschichte sollte im Grunde ungehindert hervorsprudeln.

Es ist keineswegs so, dass ich mich für ein Genie halte. Ich denke auch nicht, dass ich über eine besondere Gabe verfüge. Da ich jedoch seit über dreißig Jahren meinen Lebensunterhalt als professioneller Schriftsteller verdiene, kann es auch nicht sein, dass ich *gar* kein Talent besitze. Vermutlich verfüge ich über eine bestimmte persönliche Fähigkeit oder Veranlagung. Allerdings finde ich, es nützt überhaupt nichts, sich darüber den Kopf zu zerbrechen. Diese Einschätzung sollte man lieber jemand anderem überlassen.

Das Wichtigste für mich war über all die Jahre (und ist es noch heute) die unmittelbare Erkenntnis, dass irgendeine besondere innere Energie mir die *Gelegenheit* bot, Geschichten zu schreiben. Ich ergriff diese Gelegenheit und schaffte es – ein Quäntchen Glück war auch dabei –, Schriftsteller zu werden. Letztendlich wurde mir diese »Fähigkeit« verliehen – von wem, weiß ich nicht. Und ich möchte in aller Bescheidenheit meine Dankbarkeit für diesen Verlauf der Dinge zum Ausdruck bringen; mich dieser mir verliehenen Fähigkeit annehmen – wie der verletzten Taube – und mich daran erfreuen, noch lange Zeit Romane schreiben zu können. Alles Weitere wird sich finden.

3 ÜBER LITERATURPREISE

Im Folgenden möchte ich etwas über Literaturpreise sagen. Als konkretes Beispiel soll mir der Akutagawa-Preis dienen.* Dieses Thema berührt einige heikle Punkte und ist deshalb nicht unproblematisch, aber ich finde, es ist besser, sie ohne Furcht vor Missverständnissen zur Sprache zu bringen. Bemerkungen zum Akutagawa-Preis führen naturgemäß zur Erörterung von Literaturpreisen im Allgemeinen, die heutzutage ein wichtiger Aspekt in der Diskussion über Literatur sind.

Vor längerer Zeit veröffentlichte eine gewisse Literaturzeitschrift einen gerahmten Sonderbeitrag über den Akutagawa-Preis, in dem folgender Absatz zu lesen stand:

---

* Dieser nach dem japanischen Schriftsteller Ryunosuke Akutagawa (1892 – 1927) benannte Preis ist die wichtigste literarische Auszeichnung Japans und wird zweimal jährlich an Nachwuchsautoren verliehen (Anm. d. Übers.).

Der Akutagawa-Preis verfügt über erhebliche Magie.
Dennoch gibt es Schriftsteller, die mit Getöse durchfallen
und deren Ruhm dennoch ständig zunimmt. Das zeigt
unter anderem der wachsende Einfluss eines Autors
wie Haruki Murakami, der den Preis nie erhalten hat
und sich nun vom Literaturbetrieb fernhält.

Geschrieben hatte dies ein gewisser Yuyu Soma, wenngleich der Name vielleicht ein Pseudonym war.

Tatsächlich war ich vor über dreißig Jahren zwei Mal Kandidat für den Akutagawa-Preis. Beide Male bekam ich ihn nicht. Und es stimmt, ich halte mich wirklich verhältnismäßig fern vom Literaturbetrieb. Was jedoch nicht daran liegt, dass ich den Akutagawa-Preis nicht bekam, sondern an meinem persönlichen Desinteresse sowie meiner Unfähigkeit, mich in solchen Kreisen zu bewegen. Es stört mich, dass hier willkürlich ein Zusammenhang zwischen diesen beiden Ereignissen behauptet wird.

»Aha, Haruki Murakami hat den Akutagawa-Preis nicht bekommen und sich deshalb vom Literaturbetrieb losgesagt« ist für einige sicher die naheliegende Schlussfolgerung, wenn sie so etwas lesen. Im ungünstigen Fall wird so etwas zur herrschenden Meinung. Dabei sollte die Trennung von Ursache und Wirkung eigentlich eine Basis beim Verfassen solcher Artikel sein. Andererseits sollte ich mich vielleicht freuen, wenn es inzwischen heißt, *ich* hielte mich vom Literaturbetrieb fern, statt, wie früher: »Der Literaturbetrieb will nichts von ihm wissen.«

Dass mir der Literaturbetrieb so fremd ist, hat sicher auch damit zu tun, dass ich ursprünglich gar nicht die Absicht hatte, Schriftsteller zu werden. Ich war ein ganz normaler Mensch, der ein ganz normales Leben führte, bis ich eines Tages urplötzlich auf die Idee kam, einen Roman zu schreiben, für den ich dann unverhofft einen Nachwuchspreis erhielt. Damals hatte ich so gut wie keine Kenntnis von so etwas wie einem Literaturbetrieb oder einem Literatentum.

Mein damaliger Beruf füllte meinen gesamten Alltag aus, und ich hatte ständig alle Hände voll damit zu tun, meinen Pflichten nachzukommen. Auch wenn ich mich hätte teilen können, hätte ich nicht alles geschafft, und für Dinge, die nicht unbedingt notwendig waren, blieb kein Platz. Seit ich Schriftsteller von Beruf bin, ist das nicht mehr so wild. Inzwischen führe ich das Leben eines Frühaufstehers, gehe sehr zeitig schlafen und treibe täglich Sport, weshalb ich abends kaum mehr ausgehe und nie einen Fuß in das berühmte Barviertel Golden Gai in Shinjuku setze. Was aber nicht heißt, ich hätte eine Abneigung gegen Golden Gai. Die habe ich genauso wenig wie gegen den Literaturbetrieb. Es ist nur *zufällig* so, dass für mich im Augenblick keine Notwendigkeit besteht, mich dorthin zu begeben, und ich auch nicht die Zeit dazu habe.

Ob der Akutagawa-Preis »Magie« besitzt, weiß ich nicht, und ich weiß auch nicht, ob ich »Einfluss« habe. Ich habe nie darüber nachgedacht. Bis heute weiß ich nicht einmal genau, wer diesen Preis bekommt und wer nicht. Das hat mich schon früher nicht interessiert. Und selbst wenn der Akutagawa-Preis, wie dieser Rezensent behauptet, Magie besitzt, so hat sie zumindest mich persönlich verfehlt. Womöglich hat sie sich irgendwo verirrt und konnte sich nicht zu mir durchschlagen.

Für den Akutagawa-Preis nominiert wurden meine Romane *Wenn der Wind singt* und *Pinball 1973*, doch ehrlich gesagt war es mir ziemlich gleichgültig, ob ich ihn bekam oder nicht (es wäre schön, wenn Sie mir das einfach glauben könnten).

Als *Wenn der Wind singt* für den Nachwuchspreis von *Gunzo* ausgewählt wurde, war ich restlos glücklich. Das erkläre ich hiermit vor der ganzen weiten Welt. Dieser Preis war ein bahnbrechendes Ereignis in meinem Leben. Er war meine Eintrittskarte in die Welt der Schriftstellerei und änderte alles. Vor mir öffnete sich ein Tor. Solange ich nur diese Eintrittskarte hatte, würde alles andere sich fügen. An den Akutagawa-Preis verschwendete ich zu dem Zeitpunkt keinen Gedanken.

Allerdings war ich von meinen beiden ersten Werken selbst nicht sonderlich überzeugt. Ich hatte das Gefühl, sie unter Einsatz nur der Hälfte oder eines Drittels meiner Kraft geschrieben zu haben. Vor allem waren sie ja das Erste, was ich je geschrieben hatte, und ich wusste überhaupt nicht, welche Techniken man anwendete, um einen Roman zu schreiben. Aber im Nachhinein finde ich sogar, dass es für den Anfang gar nicht schlecht ist, nur »mit halber Kraft« zu arbeiten. Ansonsten war ich zum größten Teil mit dem Ergebnis meiner Arbeit zufrieden.

Also war der *Gunzo*-Preis als Eintrittskarte hervorragend für mich, aber hätte ich in der Folge noch den Akutagawa-Preis bekommen, wäre ich vielleicht überfordert gewesen, und er hätte sich kontraproduktiv ausgewirkt. Vom jetzigen Standpunkt aus gesehen ein bisschen *too much*. Vielleicht hätte ich bezweifelt, dass mir so etwas überhaupt zustände.

Mir kam damals auch der Gedanke, dass ich etwas viel Besseres schreiben könnte, wenn ich mehr Zeit hätte. Ziemlich kühn für jemanden, der noch bis kurz zuvor nicht einmal daran gedacht hatte, einen Roman zu schreiben, aber ich hatte eben eine recht hohe Meinung von mir. Allerdings bin ich wirklich der Ansicht, dass man ohne eine gewisse Überheblichkeit nicht Schriftsteller werden kann.

Wenn der Wind singt und *Pinball 1973* wurden in den Massenmedien jeweils »als höchst aussichtsreiche Kandidaten« für den Akutagawa-Preis bezeichnet, und mein gesamtes Umfeld erwartete, dass ich ihn bekäme. Doch aus den bereits genannten Gründen war ich eher erleichtert, dass er an mir vorüberging, und hatte vollstes Verständnis für die Juroren, die gegen mich plädierten. Ich machte ihnen nicht den geringsten Vorwurf. Außerdem fand ich, dass sich meine Ausrichtung von der der anderen nominierten Schriftsteller und ihrer Werke unterschied.

Damals hatte ich, wie gesagt, ein Jazzlokal, in dem ich so gut wie jeden Tag arbeitete, und wäre, wenn ich den Preis bekommen und im Rampenlicht gestanden hätte, überrannt worden. Wer ein Geschäft hat, kann sich nicht verdrücken, auch wenn Leute kommen, die er nicht sehen will – obwohl ich einige Male doch die Flucht ergriff, wenn es allzu unerträglich wurde.

»Mit Herrn Murakami ist jetzt Schluss. Er wird nicht mehr für den Akutagawa-Preis nominiert«, erklärten die Juroren, nachdem ich zwei Mal nominiert und beide Male durchgefallen war. Ich erinnere mich noch, dass ich dachte, wie seltsam ich die Formulierung fand. Mit mir war also »Schluss«. Da der Akutagawa-Preis im Grunde für Nachwuchsschriftsteller gedacht ist, wird man nach einer gewissen Zeit von der Kandidatenliste entfernt. Dem bewussten Beitrag in jener Literaturzeitschrift zufolge gibt es Autoren, die sechs Mal nominiert werden, aber bei mir waren es nur zwei Mal. Ich kenne die genauen Umstände nicht, aber Juroren und Branche waren sich damals offenbar einig, dass mit mir »Schluss« war. Das war eben die Praxis.

Nicht, dass ich sonderlich enttäuscht gewesen wäre. Die Erleichterung darüber, dass ich nun nicht länger über den Akutagawa-Preis nachdenken musste, überwog, und ich fühlte mich im Gegenteil sogar befreit. Mir war es wirklich egal, ob ich den Preis bekam oder nicht, doch als die Bekanntmachung näher rückte, verhielt sich meine Umgebung zunehmend nervös, und ich weiß noch, wie mich dies irritierte. Es herrschten eine seltsame, von Erwartung geprägte Atmosphäre und eine unterschwellige Gereiztheit. Außerdem hatte allein schon die Nominierung die Medien auf den Plan gerufen, das Echo war gewaltig, es gab auch Widerstand, und das ganze Hin und Her war sehr lästig. All das zwei Mal durchzumachen war beschwerlich, aber die Vorstellung, dass das jedes Jahr so weitergehen würde, war ziemlich bedrückend.

Aber das wirklich Deprimierende an der ganzen Sache war, dass alle mich trösten wollten. Als klar war, dass ich den Preis nicht bekommen würde, strömten sie in Scharen herbei. »Diesmal ist es ja leider nichts geworden, aber beim nächsten Mal klappt es bestimmt. Alles Gute für dein nächstes Buch«, ermutigte man mich unentwegt. Ich weiß, dass sie es gut meinten – die meisten jedenfalls –, aber ich war jedes Mal um eine Antwort verlegen und durchlief ein Wechselbad der Gefühle. »Äh, ja, danke …«, presste ich dann hervor und rang mir irgendetwas Passendes ab. »Aber ist mir eigentlich egal« hätte mir niemand abgenommen, und ich hätte mich in eine noch peinlichere Lage gebracht.

Auch der TV-Sender NHK kannte keine Gnade. In der Phase der Nominierung erhielt ich einen Anruf: »Wenn Sie den Akutagawa-Preis kriegen, müssen Sie am Morgen darauf im Fernsehen auftreten.« Da ich beruflich sehr eingespannt war und so etwas ohnehin nicht mag (ich spreche höchst ungern vor Leuten), lehnte ich ab, aber sie ließen nicht locker. Ganz im Gegenteil, der Redakteur wurde richtig ärgerlich, bedrängte mich und verhörte mich nach meinen Gründen. Bei jeder Nominierung passieren solche Dinge, und der Verdruss nimmt kein Ende.

Mitunter fragt man sich, warum ein solches Aufhebens von dem Akutagawa-Preis gemacht wird. Vor einigen Jahren lag in vielen Buchhandlungen ein Buch mit dem Titel *Warum hat Haruki Murakami den Akutagawa-Preis nicht bekommen?* aus. Ich weiß nicht, was darin steht, ich habe es nicht gelesen – es war mir zu peinlich, es zu kaufen –, aber ich kann nicht umhin, allein die Veröffentlichung von derlei befremdlich zu finden.

Angenommen, ich hätte den Akutagawa-Preis damals bekommen. Hätte sich das Schicksal der Welt geändert oder mein Leben einen völlig anderen Verlauf genommen? Kann ich mir nicht vorstellen. Die Welt befände sich vermutlich im selben Zustand wie jetzt, und ich würde, wenn auch vielleicht mit kleinen Abweichungen, wie jetzt seit über dreißig Jahren im selben Rhythmus meine Bücher schreiben. Sie würden von denselben Menschen goutiert und von denselben Menschen abgelehnt werden. (Offenbar verärgere ich nicht wenige mit meiner angeborenen Gleichgültigkeit gegenüber Preisen).

Hätte es den Irakkrieg verhindert, wenn der Preis an mich gegangen wäre, würde ich mich natürlich schuldig fühlen. Doch das halte ich für ziemlich ausgeschlossen. Warum aber gibt es eigens ein Buch darüber, dass ich ihn nicht bekommen habe? Offen gesagt, verstehe ich das nicht. Ein Sturm im Wasserglas ist doch kein Zyklon.

Auch auf die Gefahr, einige zu verärgern, weise ich darauf hin, dass der Akutagawa-Preis ursprünglich 1935 vom Verlag Bungeishunju ins Leben gerufen wurde. Ich will nicht sagen, zu kommerziellen Zwecken, aber zu behaupten, er wäre nicht kommerziell, entspräche auch nicht der Wahrheit.

Als langjähriger Schriftsteller möchte ich einmal aufrichtig sagen, dass von den ausgelobten Nachwuchswerken höchstens alle fünf Jahre eines wirkliche Aufmerksamkeit verdient. Oder, wenn man das Niveau etwas absenkt, alle zwei oder drei Jahre. Auf jeden Fall besteht eine Tendenz zur Verflachung, vor allem weil man darauf besteht, ihn gleich zwei Mal in einem Jahr zu vergeben. Natürlich spielt das keine große Rolle (Preise dienen mehr oder weniger der Ermutigung oder sind eine Art Förderung, und eine breitere Wahrnehmung von Literatur ist ja nichts Schlechtes), aber dennoch frage ich mich, ob die Hysterie, mit der die Massenmedien jede Preisvergabe zum gesellschaftlichen Event hochschaukeln, wirklich nötig ist. Dieser Wirbel steht in keinem Verhältnis zu den Tatsachen.

Allerdings stellt man mit dieser Argumentation abgesehen vom Akutagawa-Preis den Wert sämtlicher Literaturpreise auf der Welt infrage, und damit kommt man nicht weiter. Preise vom Academy Award of the American Academy of Arts and Letters bis zum Literaturnobelpreis wären objektiv sinnlos, wenn man sie der Einschätzung als limitierte Besonderheit entkleiden würde. Wenn man nach Fehlern sucht, kann man eine Menge finden. Wenn man nach Vorteilen sucht, gibt es auch die.

Raymond Chandler äußerte sich in einem Brief an Jamie Hamilton folgendermaßen über den Nobelpreis:

Will ich ein großer Schriftsteller sein? Will ich den Nobelpreis für Literatur bekommen? Nicht, wenn ich mich sehr anstrengen müsste. Sie geben den Nobelpreis zu vielen zweitklassigen Autoren, als dass ich mir etwas daraus machen würde. Außerdem müsste ich nach Schweden reisen, mich fein machen und eine Rede halten. Ist der Nobelpreis das alles wert? Nein, verdammt.

Der amerikanische Schriftsteller Nelson Algren (*Der Mann mit dem goldenen Arm* und *Wildnis des Lebens*) erhielt auf besondere Fürsprache von Kurt Vonnegut 1974 die Award of Merit Medal der American Academy of Arts and Letters, verpasste aber die feierliche Verleihung, weil er während der ganzen Zeit mit einem Mädchen in der Bar des Gebäudes saß. Natürlich war das Absicht. Als Studs Terkel, der diese Anekdote in *Touch and Go* erzählt, ihn fragte, was er denn mit der Medaille gemacht habe, antwortete Algren: »Weiß nicht ... die hab ich weggeworfen oder so.«

Natürlich handelt es sich bei diesen beiden um extreme Ausnahmen, die ihr Leben in einem Geist ständiger Rebellion lebten. Vermutlich teilten sie die Ansicht, dass es für einen echten Schriftsteller Wichtigeres gebe als Literaturpreise, und wollten dies durch ihr Verhalten demonstrieren. Wichtig für einen Autor ist zum einen die Gewissheit, etwas von Bedeutung zu schaffen, sowie die Bestätigung, dass es Leser gibt – ganz gleich, ob es viele oder wenige sind –, die diese Bedeutung zu würdigen wissen. Fühlt sich ein Autor in diesen beiden Bereichen bestätigt, sind ihm Preise gleichgültig. Sie sind letztlich nicht mehr als ein gesellschaftliches Echo, eine Konvention des Literaturbetriebs.

Andererseits ist es eine Realität, dass das Publikum seine Aufmerksamkeit hauptsächlich auf Greifbares richtet. Die Qualität eines literarischen Werkes ist im Grunde formlos, doch sobald es einen Preis erhält, heftet man ihm eine konkrete, sichtbare Form hat. Dieser Formalismus, der keinen Bezug zur literarischen Qualität des Werkes hat, sowie die Herablassung, die Chandler und Algren in der Einladung zur Verleihung sahen – »Wir geben Ihnen einen Preis, kommen Sie her und holen Sie ihn« –, müssen sie über Gebühr verärgert haben.

Aus irgendeinem Grund fragt man mich in Interviews (im In- und auch im Ausland) immer wieder nach meiner Beziehung zu Preisen. Irgendwann habe ich mir folgende Antwort zurechtgelegt: »Das Wichtigste für mich sind meine Leser. Alle Preise, Ehrungen und guten Kritiken haben für mich verglichen mit den Lesern, die von ihrem Geld meine Bücher kaufen, keine substanzielle Bedeutung.« Dies wiederhole ich unermüdlich immer und immer wieder, aber kaum jemand scheint meinen Worten Gehör zu schenken. Von den meisten werden sie ignoriert.

Wenn ich es mir allerdings recht überlege, ist das eine ziemlich langweilige Antwort. Ich finde selbst, sie klingt wie ein höfliches, offizielles Statement. Zumindest stachelt sie das Interesse von Journalisten nicht gerade an. Doch was soll ich machen? So langweilig es auch sein mag, es ist die reine Wahrheit. Deshalb sage ich eben immer wieder dasselbe. Wenn ein Leser über tausend Yen für ein Buch ausgibt, denkt er nicht ans Geld, sondern hat (wahrscheinlich) einzig und allein den Wunsch, genau dieses Buch zu lesen. Oder er empfindet Vorfreude. Allen diesen Lesern bin ich aus tiefstem Herzen verbunden. Verglichen damit … Ach nein, da erübrigt sich doch jeder Vergleich.

Selbstverständlich gibt es Werke, die der Nachwelt erhalten bleiben und nie einen Preis bekommen. Umgekehrt erinnern sich vermutlich nicht allzu viele Menschen daran, welche Werke vor zwei Jahren den Akutagawa-Preis erhalten haben oder welcher Autor vor drei Jahren den Literaturnobelpreis bekam. Wissen Sie es noch? Aber ein wahrhaft herausragendes Werk überdauert die Zeit und bleibt für immer im Gedächtnis der Menschen. Wen kümmert es, ob Ernest Hemingway den Literaturnobelpreis bekommen hat (er hat) oder Jorge Luis Borges (hat er?)? Ein Literaturpreis kann ein bestimmtes Werk ins Rampenlicht rücken, aber ihm Leben einzuhauchen vermag er nicht. Es erübrigt sich, dies im Einzelnen zu belegen.

Hat es mir geschadet, den Akutagawa-Preis nicht zu bekommen? Ich habe ein wenig über diese Frage nachgedacht, aber mir ist nichts dazu eingefallen. Hatte es einen Nutzen? Nein, einen besonderen Nutzen hatte es wohl auch nicht, den Akutagawa-Preis nicht bekommen zu haben.

Höchstens, dass man sich vielleicht ein bisschen freut, wenn neben dem eigenen Namen nicht »Akutagawa-Preisträger« steht. Letztendlich ist das nicht mehr als eine Vermutung, aber wenn dem Namen dieser Titel anhaftet, könnte doch eventuell der etwas peinliche Eindruck entstehen, man habe gleichsam die Hilfe von Akutagawa in Anspruch genommen. Jetzt, da ich diesen Titel jedoch nicht führe, fühle ich mich leicht und unbeschwert. Bloß Haruki Murakami zu sein (der und nur der) ist gar nicht so übel. Zumindest für mich.

Nicht, weil ich ein Ressentiment gegen den Akutagawa-Preis hege – ich wiederhole mich, aber das ist wirklich überhaupt nicht der Fall –, sondern weil ich ein wenig stolz darauf bin, letztendlich meinen »persönlichen Fähigkeiten« entsprechend zu schreiben und mein Leben zu leben. Das ist vielleicht nichts Großartiges, aber mir bedeutet es viel.

Es ist nur eine Schätzung, aber ich vermute, dass der Teil der Bevölkerung, der gewohnheitsmäßig und aktiv schöne Literatur liest, ungefähr fünf Prozent beträgt. Diese fünf Prozent könnte man als den »harten Kern« der Leserschaft bezeichnen. Heutzutage wird häufig von einem abnehmenden Interesse an Literatur und zunehmender Bildungsferne gesprochen, und ich glaube, bis zu einem gewissen Grad trifft das auch zu. Dennoch bilde ich mir ein, diese mehr oder weniger fünf Prozent würden wahrscheinlich immer in irgendeiner Form lesen, selbst wenn man sie beispielsweise durch Verordnungen daran hindern wollte. Vielleicht würden sie nicht so weit gehen wie die Leute in *Fahrenheit 451* von Ray Bradbury, die sich dem Verbot widersetzen, indem sie sich im Wald verstecken, um Bücher auswendig zu lernen – ich wäre sicherlich der Einzige, der das täte –, aber sie würden sie doch bestimmt irgendwo heimlich weiterlesen.

Ist einem das Lesen einmal zur Gewohnheit geworden – meist eignet man sich diese bereits in jungen Jahren an –, kann man sie nicht so leicht wieder ablegen und wird trotz YouTube und 3-D-Filmen, wenn man Zeit hat (oder auch wenn man keine hat), immer wieder aus freien Stücken ein Buch zur Hand nehmen.

Und solange es solche Menschen gibt, seien es zwanzig oder sei es nur einer, mache ich mir keine ernsthaften Sorgen um die Zukunft der Literatur. E-Books und Ähnliches finde ich auch nicht sonderlich beunruhigend. Ob Papier, Bildschirm oder, wie in *Fahrenheit 451,* mündliche Überlieferung – das Medium an sich spielt keine Rolle.

Ernsthaft beschäftigt mich nur die Frage, *welche Art von Werken ich selbst anzubieten habe.* Alles andere ist im Grunde nebensächlich für mich. Wenn ich von fünf Prozent der japanischen Bevölkerung spreche, sind das, über den Daumen gepeilt, sechs Millionen Menschen. Allein dieser Markt könnte einen Autor wohl ernähren. Wenn man nicht nur Japan, sondern die ganze Welt ins Auge fasst, hat man natürlich eine wesentlich größere Zahl von Lesern.

Was allerdings die restlichen fünfundneunzig Prozent der Bevölkerung angeht, so haben sie in ihrem Alltag wenig Gelegenheit, unmittelbar mit Literatur in Berührung zu kommen, und selbst diese Gelegenheiten scheinen immer weniger zu werden. Das Interesse an Literatur wird weiter nachlassen. Dennoch sieht es für mich so aus – aber auch das ist nicht mehr als eine Vermutung –, als hätte zumindest die Hälfte aller Leute ein Interesse an Literatur als gesellschaftlichem Bildungsgut oder intellektuellem Vergnügen und nähme gelegentlich ein Buch zur Hand. Man könnte diese potenziellen Konsumenten von Literatur vielleicht in Anlehnung an die Politik als »schwankende Wählerschaft« bezeichnen. Für solche Menschen müsste man eine Art Zugang schaffen, wie ihn beim Wein der Beaujolais nouveau bietet, in der Musik das Wiener Neujahrskonzert und beim Sport der Hakone-Tokio-Rundmarathon. Wahrscheinlich dient (oder diente bisher) der Akutagawa-Preis als so ein Zugang. Und dann gibt es natürlich noch den Literaturnobelpreis. Aber darauf einzugehen würde hier zu weit führen.

Ich war in meinem ganzen Leben noch nie Mitglied einer Literaturpreis-Jury. Nicht, dass man mich nicht gefragt hätte, aber ich habe jedes Mal mit der Entschuldigung abgelehnt, ich könne das nicht. Denn ich halte mich tatsächlich nicht für befähigt, in einer Jury mitzuwirken.

Der Grund dafür ist ganz einfach, dass ich ein zu stark zurückgezogener Mensch bin. Ich habe einen ganz eigenen Blickwinkel und darüber hinaus einen ganz eigenen Weg, ihm Gestalt zu verleihen. Um mir diesen Weg zu erhalten, bin ich zu einem abgeschlossenen Lebensstil gezwungen. Andernfalls kann ich nicht richtig schreiben.

Aber das ist etwas, das auf mich persönlich zutrifft, und ich darf nicht annehmen, dass es auch für andere Schriftsteller gilt. Ich würde nie sagen, dass ich alle anderen Verhaltensweisen außer der meinen ablehne. Es gibt so viele Lebensstile auf der Welt, die ich respektiere, auch wenn sie sich von meinem eigenen unterscheiden. Einige stimmen völlig mit dem meinen überein, andere sind mir unverständlich. Jedenfalls sehe ich die Dinge nur entlang meiner eigenen Achse und kann kein Urteil über andere abgeben. Positiv ausgedrückt, liegt darin ein gewisser Individualismus, aber man könnte mein Verhalten auch als selbstbezogen und egoistisch bezeichnen. Doch die Werke anderer nach meinen eigenen Maßstäben zu bewerten würde mir das Gefühl geben, etwas zu tun, das mir nicht zukommt. Der Gedanke, als Autor, der bereits fest Fuß gefasst hat, das Schicksal von Neulingen mit meiner voreingenommenen Weltsicht zu beeinflussen, erschreckt mich. Ich kann das nicht tun.

Wenn man mir nachsagt, ich würde meiner gesellschaftlichen Verantwortung als Autor nicht gerecht werden, stimmt das wahrscheinlich. Auch ich erhielt Zugang durch den *Gunzo*-Nachwuchspreis, bekam durch ihn meine Eintrittskarte und konnte so meine Laufbahn als Schriftsteller beginnen. Ohne diesen Preis wäre ich vielleicht nie einer geworden. Hätte aufgegeben und nie wieder etwas geschrieben. Wäre es also nicht meine Pflicht, der jüngeren Generation den gleichen Dienst zu erweisen? Sollte ich mich nicht ungeachtet meiner Voreingenommenheit bemühen, ein Minimum an Objektivität aufzubringen, um den Nachwachsenden zu ihrer eigenen Eintrittskarte und damit einer Chance zu verhelfen? In gewisser Weise ist das sicher richtig. Diese Mühe zu scheuen ist ein ernsthaftes Versäumnis von mir.

Aber bitte bedenken Sie auch Folgendes: Oberste Pflicht eines Schriftstellers ist es, die Werke, die er seinen Lesern vorlegt, zumindest in einer gewissen Qualität zu schreiben. Ich bin ein aktiver Schriftsteller, oder anders ausgedrückt: Ich bin ein Schriftsteller, der sich noch immer in der Entwicklung befindet. Ein Mensch, der weiter auf der Suche ist, der Zweifel hegt an dem, was er tut, und daran, wie er es tut. Ich stehe sozusagen an vorderster Front auf dem Schlachtfeld der Literatur und trage einen Kampf auf Leben und Tod aus. Meine Aufgabe ist es, dort zu überleben und dabei auch noch voranzukommen. Die Werke anderer mit objektivem Blick zu lesen und zu beurteilen, die Verantwortung, sich zu ihrem Fürsprecher zu machen oder sie abzulehnen, das alles passt nicht in meinen beruflichen Rahmen. Diesen Beruf ernsthaft auszuüben – und warum sollte man ihn überhaupt ausüben, wenn man es nicht ernsthaft täte? – erfordert ein erhebliches Maß an Zeit und Energie. Und ehrlich gesagt, besitze ich beides nicht in solchem Überfluss, dass ich allzu verschwenderisch damit umgehen könnte. Es gibt wohl auch Menschen, die beides problemlos unter einen Hut bringen können, aber ich bin schon vollauf damit beschäftigt, mich der täglichen Aufgabe zu widmen, die ich mir selbst gestellt habe.

Ist diese Art zu denken egoistisch? Natürlich ist sie ziemlich selbstbezogen. Sie lässt nicht einmal Raum für Widerspruch. Dieser Kritik muss ich mich stellen.

Andererseits habe ich noch nie gehört, dass ein Verlag Schwierigkeiten gehabt hätte, Juroren für einen Literaturpreis zusammenzutrommeln. Oder dass ein Preis abgeschafft werden musste, weil sich keine Jury fand. Eher sieht es ganz im Gegenteil so aus, als würde die Anzahl der Literaturpreise in Japan ständig zunehmen, sodass man beinahe das Gefühl hat, es gäbe täglich irgendeine Verleihung. Damit ist es auch ohne mein Zutun ganz und gar unwahrscheinlich, dass sich die Zahl der »Eintrittskarten« in problematischer Weise verringert.

Noch ein Gedanke beunruhigt mich dabei. Angenommen, ich würde als Juror ein Werk beurteilen, und jemand würde mich fragen: »Wie sieht es denn eigentlich mit deinen Arbeiten aus? Bist du überhaupt in der Position, hier große Töne zu spucken?« Ich wüsste nicht, was ich ihm zur Antwort geben sollte. Denn diese Person hätte ja recht. Dergleichen will ich nach Möglichkeit nicht erleben.

Es liegt jedoch keineswegs in meiner Absicht, Kollegen zu kritisieren, die als Juroren in Erscheinung treten. Das muss ich ausdrücklich betonen. Es gibt ganz eindeutig Schriftsteller, die imstande sind, sich ernsthaft ihrer eigenen Arbeit zu widmen und gleichzeitig die nötige Objektivität aufzubringen, Werke neuer Autoren zu bewerten. Diese Menschen besitzen die Fähigkeit, umzuschalten. Außerdem steht es außer Frage, dass jemand diese Rolle übernehmen muss. Obwohl ich diesen Menschen höchste Achtung und Dankbarkeit entgegenbringe, bin ich selbst bedauerlicherweise nicht dazu in der Lage. Denn ich brauche Zeit, eine Sache zu überdenken und zu beurteilen, und selbst wenn ich mir diese Zeit nehme, liege ich häufig mit meinem Urteil daneben.

Bisher habe ich nicht darüber gesprochen, was das Wesen eines Literaturpreises ausmacht. Das Problem ist, dass die Verleihung des Preises nur selten in Zusammenhang mit dem unmittelbaren Inhalt des Werkes steht, sondern dass eher ein bestimmtes Thema gekürt wird, das in der Öffentlichkeit zufällig gerade *en vogue* ist. Wie eingangs erwähnt, las ich zufällig diesen kleinen Artikel über den Akutagawa-Preis in einer Literaturzeitschrift und dachte plötzlich, es sei an der Zeit, einmal zu schildern, wie ich zu diesen Preisen stehe, um Missverständnissen vorzubeugen. Wenn ich nicht einiges richtigstelle, muss ich fürchten, dass so ein Missverständnis sich als »herrschende Meinung« durchsetzt.

Es ist schwierig, über solche »heiklen« Themen zu schreiben. Auch wenn man ehrlich ist, kann es je nachdem verlogen oder arrogant klingen. Und der Stein, den man geworfen hat, kommt womöglich mit weit größerer Wucht zurückgeflogen. Dennoch glaube ich, dass letztlich am meisten dabei herauskommt, wenn man die Dinge beim Namen nennt. Es gibt sicherlich Leser, die verstehen, was ich sagen will.

Vor allem kommt es mir darauf an, noch einmal hervorzuheben, dass das Wichtigste für einen Autor seine »persönliche Fähigkeit« ist. Preisen kommt letztendlich die Rolle zu, diese Fähigkeit von außen zu fördern, aber wenn die Arbeit, die der Autor leistet, dennoch keine Früchte trägt, helfen auch keine Preise. Sie führen zu keinem Ergebnis. Nur wenn ein Preis die

Fähigkeiten eines Autors auf irgendeine Weise stärkt, wird er zu einem echten Gewinn für ihn. Falls nicht oder falls er sogar kontraproduktiv wirkt und zur Belastung wird, kann man ihn leider nicht als Gewinn bezeichnen. Wahrscheinlich warf Algren seine Medaille deshalb gleich weg, und Chandler hatte aus demselben Grund keine Lust, zu einer Preisverleihung nach Stockholm zu reisen – obwohl man natürlich nicht wissen kann, ob er im Ernstfall auf diesem Standpunkt beharrt hätte.

So ist der Wert eines Preises für jeden Menschen ein anderer. Je nach persönlichem Standpunkt und persönlicher Situation, nach Denk- und Lebensweise. Es lässt sich nicht darüber streiten, man kann die Dinge nicht über einen Kamm scheren. Mehr möchte ich über Literaturpreise gar nicht sagen. Sie lassen sich nicht pauschal erörtern.

Ich wollte das hier nur einmal feststellen, auch wenn es wohl keinen großen Unterschied macht.

4 VON DER ORIGINALITÄT

Was ist Originalität?

Diese Frage ist schwierig zu beantworten. Was bedeutet es, wenn man ein künstlerisches Werk als »originär« ausweist? Welchen Kriterien muss es genügen, um als »Original« zu gelten? Wenn man dieser Frage direkt nachgeht, gelangt man bald an einen Punkt, an dem man desto weniger versteht, je mehr man nachdenkt.

Der verstorbene Neurologe Oliver Sacks definiert in seinem Werk *Eine Anthropologin auf dem Mars* den Begriff ursprünglicher Kreativität folgendermaßen:

*Zu Kreativität, wie sie gewöhnlich verstanden wird,
gehört nicht nur ein »Was«, ein Talent, sondern auch
ein »Wer« – ausgeprägte persönliche Eigenheiten,
eine ausgebildete Identität, persönliche Sensibilität, ein
persönlicher Stil, der in die Begabung einfließt, sie durch-
dringt, ihr eine unverwechselbare Gestalt gibt. Wenn
wir Kreativität so verstehen, setzt sie die Fähigkeit voraus,
Ursprüngliches hervorzubringen, sich von den üblichen*

Betrachtungsweisen loszureißen, sich frei im Reich
der Imagination zu bewegen, immer wieder neue geistige
Welten zu erschaffen – und dies alles gleichzeitig mit
einem kritischen inneren Auge zu überprüfen. Kreativität
hat mit dem Innenleben zu tun – mit dem Strom neuer
Ideen und starker Gefühle.

Diese wirklich präzise Definition lässt den Leser bei all ihrer Klarheit dennoch etwas ratlos zurück.

Lassen wir also tiefschürfende Erklärungen und Theorien vorläufig einmal beiseite und nehmen uns ein konkretes Beispiel vor, um die Sache vielleicht ein wenig leichter verständlich zu machen. Also zum Beispiel: Als die Beatles ihren Durchbruch hatten, war ich fünfzehn Jahre alt. Ich glaube, der erste Beatles-Song, den ich im Radio hörte, war »Please Please Me«, und ich weiß noch, dass ich Gänsehaut bekam. Warum? Weil es sich um einen Sound handelte, den ich bis dahin nie gehört hatte und der überdies so wahnsinnig gut klang. Was genau das Wunderbare daran war, kann ich mit Worten nicht erklären, er war einfach unbeschreiblich. Als ich ungefähr ein Jahr zuvor zum ersten Mal »Surfing USA« von den Beach Boys im Radio gehört hatte, hatte ich etwas ganz Ähnliches empfunden. »Das ist ja klasse! Ganz anders als alles andere!« So in der Art.

Rückblickend weiß ich, dass meine Gänsehaut der herausragenden Originalität dieser Musik geschuldet war. Die Beatles erzeugten einen Sound, den niemand anderes zustande brachte, sie machten Musik wie niemand vor ihnen. Außerdem hatten sie überragende Fähigkeiten, sie hatten etwas ganz Besonderes. Dieser Umstand war so eindeutig, dass sogar ein Fünfzehnjähriger, der nur ein mickriges Mittelwellen-Transistorradio hatte, dies auf Anhieb begriff. Eine ganz einfache Sache.

Doch worin lag die Originalität ihrer Musik, oder worin unterschied sie sich von der Musik anderer Bands? Dieser Frage theoretisch nachzugehen und das Ergebnis in Worte zu fassen erscheint mir fast unmöglich. Als Junge hätte ich das gar nicht gekonnt, und selbst heute, da ich erwachsen und sogar Schriftsteller von Beruf bin, finde ich es ungeheuer schwer. Eine solche Beschreibung erfordert umfassende Fachkenntnisse, und selbst wenn man eine Art theoretische Erklärung zustande bringt, so trifft man es wahrscheinlich nicht genau. Eigentlich geht alles viel schneller, wenn man die Musik hört. Genau, man muss sie hören, um sie zu verstehen.

Allerdings ist seit dem Entstehen der Beatles und der Beach Boys bereits ein halbes Jahrhundert vergangen, weshalb es heute vermutlich schwer nachvollziehbar ist, wie progressiv und intensiv ihre Musik auf ihre Zeitgenossen wirkte.

Natürlich traten später jede Menge Musiker auf, die von den Beatles und den Beach Boys beeinflusst waren. Und die Beatles und die Beach Boys sind gesellschaftlich anerkanntes, etabliertes Kulturgut. So wird ein Fünfzehnjähriger heute, auch wenn er die Beatles zum ersten Mal im Radio hört und tief beeindruckt ist, ihren Sound unmöglich als etwas so Dramatisches und nie Dagewesenes empfinden.

Das Gleiche lässt sich über »Le sacre du printemps« von Strawinsky sagen. Als das Werk 1913 in Paris uraufgeführt wurde, ließ seine unerhörte Neuheit Tumulte im Publikum ausbrechen. Die unkonventionelle Musik jagte allen einen gehörigen Schrecken ein. Doch nach etlichen Aufführungen ebbte die Erregung allmählich ab, und heute ist »Le sacre du printemps« beim Publikum so beliebt, dass man sich fragt, was wohl an dieser Musik so skandalös war und solche Aufregung hervorrief. Der Schock, den die Originalität dem allgemeinen Publikum bei der Uraufführung versetzte, entstand einfach durch die Vorstellung, dass es so etwas überhaupt geben konnte.

Es stellt sich also die Frage, ob Originalität mit der Zeit verblasst. Ich würde sagen, in vielen Fällen geht sie eher in einen anderen Zustand über. Häufig verliert etwas Ursprüngliches, indem man es toleriert und sich daran gewöhnt, die Kraft des ersten Impulses, avanciert aber stattdessen vielleicht – mit etwas Glück und wenn es wirklich herausragend ist – zu einem Klassiker oder »Quasi-Klassiker« und wird weithin geachtet. Wenn ein heutiges Publikum »Le sacre du printemps« hört, ist es weder sonderlich verwirrt noch erregt, ist jedoch durchaus noch in der Lage, die zeitlose Frische und Kraft des Werkes zu empfinden. Und diese Empfindung beschäftigt als einer der wichtigsten Bezugspunkte den Geist der Menschen. Er wird zur fundamentalen Nahrung der Menschen, die Musik lieben, und zu einem Teil der Basis, auf der ihr Werturteil fußt. Extrem ausgedrückt, entsteht zwischen Menschen, die »Le sacre du printemps« gehört haben, und solchen, die es nicht gehört haben, ein Unterschied in der Tiefe ihres Verständnisses von Musik. Wie groß dieser Unterschied ist, kann ich nicht konkret definieren, aber ich zweifle nicht daran, dass es ihn gibt.

Bei Mahler ist der Fall etwas anders gelagert. Seine Kompositionen stießen bei vielen seiner Zeitgenossen auf Unverständnis. Das allgemeine Publikum – und sogar einige seiner Kollegen – verurteilten seine Musik als monströs, hässlich, aufdringlich und ohne Struktur. Er wich von der traditionellen Form der Sinfonie ab, was ihm jedoch zu seiner Zeit übel genommen wurde und dazu führte, dass seine Musik auch in Fachkreisen als primitiv und unzumutbar beschimpft wurde. Dass Mahler in der Welt reüssierte, lag vor allem daran, dass er ein so herausragender Dirigent war. Nach seinem Tod gerieten viele seiner Stücke in Vergessenheit. Orchester führten seine Werke nicht gern auf, und auch das Publikum war nicht sonderlich erpicht darauf, sie zu hören. Nur seine Schüler und die wenigen, die an ihn glaubten, spielten sie, damit das Feuer nicht erlosch.

Doch in den 1960er-Jahren kam es zu einer dramatischen Wiederbelebung von Mahlers Werken, und heute fehlt seine Musik bei kaum einem bedeutenden Musikereignis. Die Menschen schenken seinen Sinfonien mit größter Freude Gehör und sind zutiefst davon berührt. So haben wir, die wir heute leben, die Zeit überbrückt und Mahlers Originalität freigelegt. Hin und wieder kommt so etwas vor. Selbst Schuberts wunderschöne Klaviersonaten wurden zu seinen Lebzeiten kaum dargeboten. Dass sie mit solcher Begeisterung aufgeführt werden, ist erst seit Mitte des 20. Jahrhunderts der Fall.

Auch die Musik von Thelonious Monk ist von herausragender Originalität. Da wir – zumindest diejenigen von uns, die sich für Jazz interessieren – seine Musik unablässig hören, überrascht sie uns heutzutage nicht mehr so sehr. Schon nach wenigen Takten wissen wir: »Ah, das ist Monk.« Und dennoch ist uns allen die einzigartige Originalität seiner Musik bewusst, die sich in Klangfarbe und Aufbau ganz deutlich von jener anderer Jazzmusiker derselben Epoche unterscheidet. Sein unverwechselbarer, charakteristischer Stil bewegt die Herzen seiner Zuhörer. Lange Zeit wurde er nicht angemessen geschätzt und stieß erst ganz allmählich dank der Unterstützung einiger weniger auf breitere Akzeptanz. Doch nun ist die Musik von Thelonious Monk in unser musikalisches Erkenntnissystem eingegangen und nicht mehr daraus wegzudenken. Er wurde, mit anderen Worten, zum Klassiker.

Über Malerei und Literatur lässt sich dasselbe sagen. Die Werke van Goghs und Picassos haben die Menschen von Anfang an stark berührt und auch jede Menge Unwillen hervorgerufen. Mittlerweile bringt man ihnen große Begeisterung entgegen, und nur wenige betrachten sie noch mit Verdruss. Der größte Teil des Publikums ist zutiefst beeindruckt, fühlt sich angeregt oder erhoben. Was nicht daran liegt, dass die Bilder mit der Zeit an Originalität eingebüßt hätten, stattdessen haben die Empfindungen der Betrachter sich ihnen angenähert, sodass diese Bilder ihnen ganz selbstverständlich als »Maßstab« gelten.

Ebenso sind die Werke von Natsume Soseki oder Ernest Hemingway heutzutage Klassiker und Maßstab, obwohl ihr Stil von einigen ihrer Zeitgenossen kritisiert und sogar lächerlich gemacht wurde. Nicht wenige Leser (die meisten gehörten der damaligen kulturellen Elite an) empfanden starkes Unbehagen gegenüber ihrer Art zu schreiben. Dennoch gehören ihre Bücher heute zum literarischen Kanon, und ohne die von ihnen geschaffenen stilistischen Neuerungen sähen der moderne japanische und amerikanische Roman anders aus. Überdies sind Sosekis und Hemingways Werke vermutlich zu einem festen Bestandteil der japanischen bzw. amerikanischen Psyche geworden.

Es ist verhältnismäßig einfach, sich etwas herauszupicken, das in der Vergangenheit »originär« war, und es aus heutiger

Warte zu analysieren. In der Regel ist das, was nicht dazu bestimmt war zu überdauern, vergangen, und man kann aus dem, was übrig ist, etwas heraussuchen und es ziemlich gefahrlos bewerten. Doch wie die meisten Beispiele zeigen, ist es nicht ganz einfach, zeitgenössisch innovative Ausdrucksformen aus heutiger Sicht angemessen zu beurteilen. Denn aus irgendeinem Grund ist es nicht selten so, dass diese in den Augen der Zeitgenossen unangenehme, unnatürliche, irrationale – und in manchen Fällen sogar gesellschaftsfeindliche – Züge trugen. Oder einfach als unsinnig galten. Jedenfalls kam es hin und wieder dazu, dass solche Werke Erstaunen und zugleich Entsetzen und Widerwillen auslösten. Viele Menschen hassen instinktiv Dinge, die sie nicht verstehen, und insbesondere in einem Establishment, das bestehende Traditionen verinnerlicht hat und darin fest verwurzelt ist, können Neuerungen zum Gegenstand echten Abscheus werden, da sie das Fundament zerstören, auf dem es ruht.

Natürlich erfreuten sich die Beatles von ihrer Entstehung an bei der Jugend einer ungeheuren Popularität, aber sie sind vielleicht auch ein extremes Beispiel. Dennoch war es nicht so, dass ihrer Musik damals weltweite Anerkennung zuteilwurde. Man hielt sie für ein vorübergehendes, im Vergleich mit klassischer Musik minderwertiges Massenprodukt. Viele Menschen, die zum kulturellen Establishment gehörten, empfanden die Beatles als skandalös und verliehen dieser Ansicht bei jeder Gelegenheit ganz offen Ausdruck. Heute kann man es kaum glauben, aber damals stellten besonders die Frisuren und die Kleidung der frühen Beatles eine gesellschaftliche Provokation dar und sorgten bei der älteren Generation für große Empörung. Mancherorts kam es sogar zu Aktionen, bei denen Beatles-Platten öffentlich verbrannt wurden. Dass die innovative Qualität ihrer Musik allgemein anerkannt und geschätzt wurde, war erst viel später der Fall. Seither hat sich ihre Musik zu einem Klassiker gewandelt, dem nichts mehr etwas anhaben kann.

Als Bob Dylan sich Mitte der 1960er vom Stil der sogenannten Protest- und Folksongs (dessen Vorreiter Woody Guthrie und Pete Seeger waren), bei dem nur akustische Instrumente zum Einsatz kommen, abkehrte und fortan auch elektrische Instrumente verwendete, wurde er von vielen seiner traditionsbewussten Anhänger als »Judas« und »Handlanger des Kapitalismus« geschmäht. Doch heutzutage gibt es wohl kaum noch jemanden, der ihn dafür kritisiert, dass er elektrische Instrumente ausprobierte. Denn wenn man sich seine Stücke einmal chronologisch anhört, begreift man, dass diese Wende für Bob Dylan, der die kreative Kraft zur Innovation besaß, eine natürliche und notwendige Konsequenz war. Aber für einen Teil der Leute, die im engen Käfig der Protest- und Folk-Bewegung gefangen waren, bedeutete seine Originalität nichts anderes als »Verrat« und »Treuebruch«.

Auch die Beach Boys waren zuzeiten extrem populär. Doch unter dem Druck, ständig neue originelle Titel produzieren zu müssen, wurde ihr Leader Brian Wilson psychisch krank und musste lange pausieren. Die anspruchsvollen Stücke, die er nach seinem Meisterwerk, dem Album *Pet Sounds*, schrieb, kamen beim allgemeinen, auf den »Happy Surfing Sound« fixierten Publikum nicht an. Die Musik war zu komplex und schwer verständlich geworden. Auch ich gehörte damals zu denen, die irgendwann keinen Zugang mehr zu den Beach Boys fanden und sich allmählich von ihnen entfernten. Doch wenn ich sie heute wieder höre, erkenne ich die wegweisende Qualität ihrer Musik, die ich damals, ich gebe es ehrlich zu, nicht richtig verstehen konnte. Originalität ist schwer auszumachen, wenn sie lebendig ist und sich bewegt.

Um einem Künstler »Originalität« zugestehen zu können, muss er meiner Ansicht nach folgende grundlegenden Bedingungen erfüllen:

1) Er/sie verfügt über einen eigenen Stil (in Klang, Stil, Form und Farbe), der sich eindeutig von dem anderer Künstler abhebt und der sich beim ersten Hinsehen (Hinhören) sofort offenbart.

2) Er/sie muss diesen Stil aus eigener Kraft einem Update unterziehen können. Er muss mit der Zeit wachsen, sich weiterentwickeln. Er/sie darf nicht endlos auf der Stelle treten, sondern muss über eine ihm/ihr eigene, spontane Fähigkeit zur Erneuerung verfügen.

3) Dieser eigenständige Stil setzt im Laufe der Zeit einen Maßstab, wird geistig vom Publikum verinnerlicht, als normativ akzeptiert und dient nachfolgenden Künstlern als unerschöpfliche Quelle der Inspiration.

Selbstverständlich will ich damit nicht sagen, dass sämtliche dieser Kriterien erfüllt sein müssen. Es gibt sicher Fälle, in denen 1) und 3) ausreichend abgedeckt sind, aber 2) ein wenig schwach ausgeprägt ist. Oder 2) und 3) sind ausreichend erfüllt, aber 1) lässt zu wünschen übrig. Doch wenn alle drei Kriterien *mehr oder weniger* erfüllt sind, liegt vermutlich ein originäres Werk vor.

Zum besseren Verständnis:

Bei 1) auf jeden Fall und bedingt auch bei 2) und 3) spielt der Zeitfaktor eine wichtige Rolle. Kurz gesagt, ob ein Künstler und sein Werk Originalität besitzen, lässt sich offenbar ohne die Bestätigung durch die Zeit nicht beurteilen.

Wenn irgendwann ein Künstler mit einem eigenen Stil auftritt und Aufsehen erregt, aber unversehens wieder verschwindet oder aufgibt, kann man nur schwer entscheiden, ob er oder sie Originalität besaß. Häufig endet eine Karriere nach nur einem Volltreffer.

Tatsächlich habe ich solche Menschen bisher in vielen Bereichen erlebt. Man bewundert das Neue, Unverbrauchte an ihnen, doch plötzlich sieht und hört man sie nicht mehr. Irgendwann schießt einem dann die Erinnerung an sie durch den Kopf. Ach ja, denkt man, den gab es ja auch mal. Solchen Menschen fehlt es wahrscheinlich an Ausdauer und der an Fähigkeit, sich zu erneuern.

Ohne eine gewisse *Quantität* an konkreten Kreationen zu hinterlassen, kann ein Künstler nicht zum Gegenstand der Betrachtung werden. Denn wie soll ein plastisches Bild von seiner Originalität entstehen, wenn man nicht die Möglichkeit hat, mehrere Beispiele seiner Kunst aus verschiedenen Perspektiven zu betrachten?

Hätte zum Beispiel Beethoven in seiner ganzen Laufbahn nur die 9. Sinfonie geschrieben, hätten wir wahrscheinlich keine rechte Vorstellung von ihm als Komponisten. Es wäre sehr schwer gewesen, aus dem wenigen Material darauf zu schließen, welche Bedeutung dieses gewaltige Stück als Kunstwerk hat und wie viel Originalität in ihm steckt. Aber weil uns die Sinfonien von der 1. bis zur 9. chronologisch vorliegen, sind wir anhand der Serie imstande, die Größe der 9. Sinfonie und ihre überwältigende Originalität zu begreifen.

Wie vermutlich alle Schriftsteller wünsche auch ich mir, Autor »originärer Werke« zu sein. Doch wie gesagt, liegt diese Entscheidung nicht bei mir. Und wenn ich noch so laut in die Welt hinausschreie, wie einmalig meine Bücher sind, oder Kritiker und Medien ihre »Originalität« preisen – all diese Stimmen werden vom Wind verweht. Das Urteil, ob etwas Originalität besitzt oder nicht, obliegt allein dem Zusammenwirken von Zeit und Rezipienten, das heißt Lesern. Als Schriftsteller kann man sich nur mit aller Kraft bemühen, eine nennenswerte Reihe von Werken zu hinterlassen. Mit anderen Worten, man verfasst eine Anzahl überzeugender Texte und damit ein substanzielles »Werk«.

Für mich bedeutete es – zumindest potenziell – eine Hilfe, dass meine Bücher von so vielen Literaturkritikern verrissen wurden. Allerdings gab es immer auch Vorwürfe, die ich nicht ganz zu würdigen wusste. Ein renommierter Rezensent nannte mich sogar einmal einen »Heiratsschwindler«, womit er wohl meinte, ich würde meine Leserinnen mit inhaltsleeren Versprechungen betören. Da die Tätigkeit eines Schriftstellers mehr oder weniger der eines Zauberers ähnelt, ist es paradoxerweise beinahe ein Kompliment für unsereins, als Heiratsschwindler bezeichnet zu werden. Wahrscheinlich sollte ich mich darüber freuen, denn eigentlich bedeutet sie, dass ich es geschafft habe. Doch um ehrlich zu sein, ist es nicht gerade erfreulich, wenn so etwas gedruckt und in aller Öffentlichkeit verbreitet wird. Zauberer ist ein ehrenwerter Beruf, aber ein Heiratsschwindler ist ein Verbrecher, und ich finde doch, dass es dieser Ausdrucksweise etwas an Anstand gebricht. (Oder vielleicht ist es gar keine Frage des Anstands, sondern nur der Wortwahl.)

Natürlich gibt es auch im Kulturbetrieb Menschen, die meine Bücher schätzen, aber ihre Zahl ist klein, und ihre Stimmen sind leise. In den einschlägigen Kreisen bilden die Gegner eine überwältigende Mehrheit, glaube ich. Seinerzeit hätte ich eine ertrinkende Großmutter aus einem See retten können, und es wäre noch immer schlecht über mich geredet worden. »Das ist doch nur ein billiger Verkaufstrick« oder »Die Omi konnte bestimmt schwimmen«, hätte man mir vorgeworfen.

Anfangs nahm ich die Kritik bereitwillig entgegen. Es wird schon stimmen, wenn sie es sagen, dachte ich, weil ich auch selbst nicht ganz überzeugt von meiner Arbeit war. Manchmal versuchte ich die Anwürfe zu ignorieren. Aber die Kritik an meinen Werken wurde auch mit der Zeit nicht schwächer, obwohl ich mittlerweile aus meiner Sicht überzeugender schreiben konnte. Stattdessen schien der Gegenwind sogar stärker zu werden. So stark – um ein Beispiel aus dem Sport zu bemühen –, dass bei einem Tennismatch der Ball schon beim Aufschlag ins Aus getrieben würde.

Mit anderen Worten, bei allem, was ich schrieb, gelungen oder nicht, erklärte eine erhebliche Anzahl von Kritikern, es sei mangelhaft und bereite ihnen weiterhin Unbehagen. Natürlich geht eine gewisse Ausdrucksform manchen auf die Nerven, wodurch sie auch noch nicht zur Kunst wird. Leider ist es in vielen Fällen so, dass man es bei dieser Kritik bewenden lässt, ohne ihr weiter nachzugehen. Aber vielleicht ist gerade das eine notwendige Voraussetzung dafür, dass ein Werk Originalität besitzt. Sooft jemand mich kritisiert, bemühe ich mich, dies möglichst positiv zu sehen. Es ist allemal besser, negative und starke Reaktionen hervorzurufen als nur lauwarme Banalitäten, sage ich mir.

»Man muss gegen den Strom schwimmen, um zur Quelle zu gelangen«, schreibt der polnische Dichter Zbigniew Herbert. »Denn mit dem Strom fließt der Abfall.« Das sind doch sehr ermutigende Worte.

Eigentlich mag ich keine Verallgemeinerungen, aber ich bitte dieses eine Mal zu entschuldigen: In Japan ist es völlig normal, dass jemand, der sich anders verhält als die anderen, jede Menge Kritik auf sich zieht. Das ist eben so. Japan verfügt über eine ureigene Kultur, in der – im Guten wie im Schlechten – die Harmonie über alles geschätzt wird. Man verursacht möglichst keinen Aufruhr, und hinter dieses Bestreben tritt bisweilen alles andere zurück. Mit anderen Worten, die Rahmenbedingungen neigen zur Starrheit, und Autoritäten haben leichtes Spiel.

Nach dem Zweiten Weltkrieg wurde der Stellenwert der Autoren und ihrer Werke für lange Zeit streng entlang der Koordinaten »avantgardistisch oder rückwärtsgewandt«, »rechts oder links«, »Hochliteratur oder Unterhaltungsliteratur« kartografiert. Die Kulturzeitschriften, die von den großen Verlagen (die sich sämtlich in Tokio konzentrierten) herausgegeben wurden, entschieden programmatisch, was »Literatur« war, und untermauerten ihr Diktum, indem sie die Autoren mit allen möglichen Literaturpreisen köderten. Sich gegen dieses feste Gefüge aufzulehnen war für einen einzelnen Schriftsteller nicht leicht. Aus dem bestehenden Koordinatensystem auszuscheiden bedeutete nämlich, von der Literaturszene isoliert zu sein (und keinen Zugang mehr zu den Ködern zu haben).

Als ich 1979 mein erstes Werk herausgab, war dieses Koordinatensystem fest etabliert. Das heißt, dieses System wurde praktiziert wie eh und je. Immer wieder bekam ich von Lektoren und Redakteuren Aussagen wie »Das ist nicht die gängige Praxis« und »So ist die gängige Praxis« zu hören. Ich hatte bis dahin in der Vorstellung gelebt, Schriftsteller sei ein freier Beruf, in dem man uneingeschränkt tun konnte, was man wollte, weshalb ich über solche Äußerungen immer sehr verwundert war. Was war hier los?

Ich bin von Natur aus kein streitbarer Charakter, sondern eher konfliktscheu (wirklich!) und hatte keine Ahnung, wie ich gegen diese ungeschriebenen Gesetze der Branche angehen sollte. Weil ich jedoch eine entschieden individuelle Weltsicht besaß und man nur ein Leben hat, war ich, nun, da ich mit einiger Mühe Schriftsteller geworden war, von Anfang an fest entschlossen, auf alle Fälle das zu tun, was ich tun wollte. Das System konnte seinen Weg gehen, ich würde meinen gehen. Ich gehöre der sogenannten 68er-Generation an, und mein Anspruch, mich nicht »vom System vereinnahmen zu lassen«, war stark. Zugleich aber oder, besser gesagt, noch davor wünschte ich mir, und sei es nur für einen Augenblick, als kleiner Künstler geistig frei zu sein. Ich wollte meine Romane nach meinem eigenen Zeitplan und meinem eigenen Geschmack schreiben. Das war für mich das Minimum an Freiheit, das ein Schriftsteller braucht.

Von Anfang an hatte ich eine fest umrissene Vorstellung davon, welche Art von Romanen ich schreiben wollte. Mir war klar, dass ich in jenem Augenblick noch nicht so schreiben konnte, aber ich hatte bereits die Form im Kopf, die meine Romane später haben sollten, wenn ich das dazu notwendige Können erworben hätte. Dieses Bild stand immer über mir am Himmel und leuchtete wie der Polarstern. In gewissen Momenten brauchte ich nur nach oben zu schauen, um zu wissen, wo ich gerade stand und in welche Richtung ich gehen musste. Ohne diese Orientierungshilfe wäre ich wahrscheinlich ziemlich verloren durch die Gegend geirrt.

Um einen eigenen Erzählstil zu finden und zu entwickeln, brauchte ich zunächst einen Ausgangspunkt, der es erforderlich machte, mich selbst zu beschränken, anstatt mich zu allerlei Ausschmückungen zu verleiten. Eigentlich neigen wir dazu, uns im Laufe unseres Lebens allzu viel aufzubürden. Wir haben ein Übermaß an Informationen, viel zu viele Belastungen, bei zu vielen nebensächlichen Dingen die Wahl, und wenn wir uns dann ausdrücken wollen, brechen wir unter dem Inhalt all dessen zusammen, der Motor streikt, und es geht gar nichts mehr. Also werfen wir den ganzen Ballast, den wir nicht mehr brauchen, in den Müll und können anschließend wieder freier denken.

Woher aber wissen wir, was wir unbedingt brauchen, was wir nicht unbedingt brauchen und was wir überhaupt nicht brauchen?

Meiner Erfahrung nach ist das eine ganz einfache Sache. Im Prinzip gibt es da nur ein Kriterium, und das ist die Frage, ob Ihnen etwas Freude bereitet. Bei einigen Tätigkeiten, von denen Sie glauben, dass sie wichtig für Sie sind, stoßen Sie gewiss auf einige Misshelligkeiten, Dinge, mit denen etwas nicht stimmt, an denen Sie keine spontane Freude und kein Vergnügen entdecken können und über die Sie sich ärgern, während Sie sie tun. Dann müssen Sie noch einmal zum Anfang zurück und sich restlos von den Elementen trennen, die Ihnen die Freude verderben und aufgesetzt erscheinen.

Wahrscheinlich ist das leichter gesagt als getan.

Nachdem ich für *Wenn der Wind singt* den Nachwuchspreis von *Gunzo* erhalten hatte, besuchte mich ein ehemaliger Mitschüler in meiner Bar. »So was hätte ich auch schreiben können, wenn ich gewusst hätte, dass das schon reicht«, sagte er und ging wieder. Natürlich war ich etwas eingeschnappt, fand aber gleichzeitig, dass er durchaus recht haben mochte. Wahrscheinlich konnte wirklich fast jeder so etwas verfassen. Ich hatte mit einfachsten Worten niedergeschrieben, was mir in den Kopf gekommen war, keinen einzigen schwierigen Begriff, keine komplizierten Ausdrücke oder eleganten Stilfiguren verwendet und damit einen sehr sparsamen Text verfasst. Allerdings ist mir später nie zu Ohren gekommen, dass besagter Mitschüler einen Roman geschrieben hätte. Gewiss dachte er, dass die Welt nicht noch einen zusammengestutzten Roman brauche, und hatte daher keine Notwendigkeit gesehen, einen zu schreiben, und es dabei bewenden lassen. Das würde ich ihm zugutehalten.

Doch im Nachhinein betrachtet, finde ich, dass es für einen angehenden Schriftsteller im Gegenteil sogar ziemlich schwierig ist, einen so schnörkellosen Text hinzubekommen. Mir überflüssige Inhalte aus dem Kopf zu schlagen und alles zu vereinfachen, indem ich Stellen wegließ oder reduzierte, war nicht so leicht, wie es vielleicht klingt. Ich hatte nie intensiv daran gedacht, einen Roman zu schreiben, und vielleicht wirkte sich dieses anfängliche Desinteresse günstig aus und erleichterte mir die Arbeit.

Jedenfalls war dieser komprimierte, sozusagen gut durchlüftete, schlichte Erzählstil mein Ausgangspunkt. Er war das Gerüst, um das herum ich ein Werk nach dem anderen modellierte. Ich war nun darauf vorbereitet, eine Struktur mit mehreren Schichten zu ummanteln und zunehmend zu einer ausgedehnten, komplizierteren Geschichte auszubauen. So entstanden mit der Zeit auch Romane größeren Umfangs. Wie gesagt, hatte ich bereits eine ungefähre Vorstellung, welche Art Romane ich einmal schreiben wollte. Doch der Prozess an sich ging eher spontan als geplant vonstatten. Rückblickend begriff ich, wie es letztlich gelaufen war, ohne dass es von Anfang an so geplant gewesen war.

Ich glaube, wenn es etwas von mir gibt, das man als »originär« bezeichnen kann, dann sind das Texte, die aus dieser »Freiheit« entstanden sind. Als ich neunundzwanzig wurde, kam mir buchstäblich aus heiterem Himmel der Gedanke, einen Roman schreiben zu wollen, und ich schrieb meinen ersten Roman. Es gab keinen zwingenden Grund und auch keine Einschränkung, nichts, was mir sagte: So und nicht anders musst du schreiben. Ich hatte keine Ahnung von der Literaturszene, und es gab (glücklicheroder unglücklicherweise) keinen älteren Autor, den ich besonders verehrte und der mir als Vorbild hätte dienen können. Damals wollte ich einen Roman schreiben, der meinen eigenen inneren Zustand abbildete – das war alles. Da dieser Drang sehr stark war, setzte ich mich spontan, ohne an Vorher oder Nachher zu denken, an den Schreibtisch und fing an zu schreiben. Mit einem Wort, ich war machtlos dagegen. Das Schreiben bereitete mir Freude, und ich verspürte ein unmittelbares Gefühl von Freiheit.

Und ich glaube (oder besser gesagt, wünsche mir), dass eben dieses Gefühl von Freiheit das Fundament meiner Romane bildet. Es ist meine treibende Kraft, der Motor. Wie bei einem Auto. Die Basis für alle Künstler muss immer eine überschäumende, spontane Freude sein. Ihre Originalität nämlich ist nichts anderes als der Impuls, der natürliche Wunsch, ihr Gefühl von

Freiheit und ihre grenzenlose Freude zahlreichen Menschen möglichst lebendig und in einer angemessenen Form zu vermitteln.

Durch diesen inneren Impuls bildet sich wie von selbst ein eigener Stil heraus. Es ist unmöglich, so etwas künstlich zu erzeugen. Die hellsten Köpfe können sich selbige noch so sehr zerbrechen und noch so viele Grafiken und Schemata erstellen, nie wird etwas daraus werden. Und selbst wenn eine Art Imitat gelingt, wird es nicht überdauern. Wie eine Pflanze, die nicht fest im Boden wurzelt, ihre Lebenskraft verliert und verwelkt, wenn es nicht regnet. Oder aus dem Erdreich gewaschen wird, wenn der Regen zu stark ist.

Die Kunst folgt keinem Leitfaden.

Letztendlich ist das nur meine persönliche Meinung, aber wenn Sie den Wunsch haben, etwas frei auszudrücken, hilft es, zunächst einmal zu visualisieren, was Sie wollen oder, besser gesagt, was Sie *auf keinen Fall wollen*. Wenn man die Frage nach dem eigenen Wollen direkt verfolgt, ist eine gewisse Schwere kaum zu vermeiden. Und in den meisten Fällen geht, je schwerer eine Sache wird, die Freiheit verloren, und die Beweglichkeit leidet. Sobald das geschieht, verliert das Geschriebene an Lebendigkeit. Und ein Text ohne Leben vermag den Leser – sowie den Autor selbst – nicht zu fesseln.

Verglichen damit ist die Frage nach dem, was man nicht will, leicht wie ein Schmetterling und von schwebender Freiheit. Wenn man dann die Hände öffnet und ihn in die Freiheit entlässt, entsteht ein schwereloser Text. Eigentlich führt ein Mensch, auch ohne sich besonders auszudrücken, ein normales Leben. Dennoch verspüren wir den Wunsch, uns auszudrücken, und erkennen dabei unvermutet unser eigenes Wesen.

Wie ein freigewordener Vogel, denn man, um ihn in Ruhe zu stellen

Ich schreibe seit mehr als fünfunddreißig Jahren, aber ich habe in der ganzen Zeit noch nie das erlebt, was man auf Englisch »writer's block« nennt. Das klingt vielleicht, als wollte ich andeuten, meine Kreativität sei unerschöpflich, doch das will ich damit keineswegs sagen. Die Sache ist ganz einfach: Es gibt keine Zeit, in der ich mir sage, ich hätte keine Lust zu schreiben oder es falle mir nichts ein. Wenn ich den Wunsch zu schreiben verspüre, sage ich mir: »Los geht's«, setze mich hin und schreibe. Wenn nicht, arbeite ich meistens an Übersetzungen vom Englischen ins Japanische. Da Übersetzen im Grunde eine mechanische Tätigkeit ist, kann ich sie fast täglich ausüben, ohne unbedingt den Wunsch haben zu müssen, mich auszudrücken. Zugleich lerne ich dabei eine Menge über das Schreiben von Texten. (Ich glaube, wenn ich nicht übersetzen würde, würde ich mir eine Aufgabe suchen, die Ähnlichkeit damit hat.) Außerdem schreibe ich mitunter, wenn mir danach ist, Artikel und dergleichen. So mache ich alles Mögliche, und es geht mir ganz gut dabei. Und wenn ich keine Romane schriebe, würde ich auch nicht sterben.

Doch wenn ich eine Zeit lang nichts geschrieben habe, ergreift mich doch der Drang, mir allmählich wieder etwas vorzunehmen. In mir sammelt sich Stoff für etwas, das ich ausdrücken will, wie Schmelzwasser an einem Damm. Eines Tages kann ich es nicht mehr aushalten (das ist der beste Fall), setze mich an meinen Schreibtisch und fange mit einem neuen Roman an. Dass ich schreiben muss, obwohl ich keine Lust dazu verspüre, weil ich beispielsweise einen Auftrag von einer Zeitschrift habe, kommt bei mir nicht vor. Da ich solche Zusagen nicht gebe, habe ich keine Deadlines und auch nicht unter Schreibblockaden zu leiden. So ist für mich alles recht entspannt. Denn für einen Schriftsteller gibt es keine größere Belastung, als schreiben zu müssen, wenn er nicht schreiben will. (Oder bin ich da eine Ausnahme?)

Doch um wieder zum ursprünglichen Thema zurückzukommen: Der Begriff »Originalität« ruft mir das Bild ins Gedächtnis, wie ich als Teenager in meinem Zimmer vor einem kleinen Transistorradio sitze und zum ersten Mal »Surfing USA« von den Beach Boys und »Please Please Me« von den Beatles höre. Ich bin aufgewühlt. Was für eine großartige Musik, denke ich. So was habe ich ja noch nie gehört. Und diese Musik öffnet ein Fenster zu meiner Seele, durch das eine unbekannte, frische Brise in mich hineinströmt und mit ihr ein beglückendes Hochgefühl von grenzenloser Spontaneität. Mir ist, als schwebte ich, von allen Zwängen der Realität befreit, mehrere Zentimeter über dem Boden. Genau das ist für mich die Form, die Originalität besitzen sollte. Ganz einfach.

Am 2. Februar 2014 stand in der *New York Times* über das Auftreten der Beatles zu lesen: »They produced a sound that was fresh, energetic and unmistakably their own.« Dieser einfache Satz gibt gut verständlich wieder, worin Originalität besteht, nämlich in einem »unverwechselbar eigenen Sound, der frisch und voller Energie ist«.

Originalität lässt sich schwer mit Worten definieren, aber es ist möglich, den geistigen Zustand, den sie hervorbringt, zu beschreiben und zu reproduzieren. Meine Hoffnung ist es, diesen durch mein Schreiben in mir selbst ständig wieder zu erwecken. Denn aus irgendeinem Grund erzeugt er in mir ein herrliches Gefühl von Überschwang, so als würde ein ganz neuer Tag heranbrechen.

Und ich wünsche mir, dass auch die Leser meiner Bücher dieses Gefühl von Neuanfang genießen können. Als würden sich in ihren Herzen Fenster öffnen, durch die frische Luft hereinweht. Das ist es, was ich mir beim Schreiben inständig erhoffe. Jenseits aller Theorie, ganz einfach nur das.

5 UND WORÜBER SOLL ICH SCHREIBEN?

Was kann ich tun, um Schriftsteller zu werden? Wie kann ich üben? Kann ich es lernen? Wenn ich mit jungen Leuten spreche, werden mir häufig solche Fragen gestellt. Es sind überall auf der Welt dieselben. Eine große Zahl von Menschen verspürt den Wunsch, »Schriftsteller zu werden« und »sich auszudrücken«. Aber diese Fragen sind gar nicht leicht zu beantworten. Zumindest für mich nicht. Und oft stehe ich ziemlich ratlos da.

Was sicher auch daran liegt, dass ich nicht einmal richtig weiß, wie ich selbst es geschafft habe, Schriftsteller zu werden. Es war keineswegs so, dass ich von Jugend an entschlossen war, eines Tages Schriftsteller zu sein, deshalb ein besonderes Studium absolviert, immer wieder Schreibübungen und bestimmte Aufgaben absolviert und mich so Stufe für Stufe zum Berufsschriftsteller hochgearbeitet hätte. Stattdessen entwickelte sich mein Leben aus einer Vielzahl von Ereignissen, sodass sich eines aus dem anderen ergab. Es war auch viel Glück dabei. Rückblickend ist es fast unheimlich, aber im Grunde nahm einfach alles seinen Lauf.

Aber wenn ein junger Mensch mich ernsthaft fragt, was er tun müsse, um Schriftsteller zu werden, kann ich das ja nicht einfach abtun und sagen: »Da habe ich leider keine Ahnung. Das hängt alles irgendwie von Ihrer Energie und den Umständen ab. Auch Glück spielt eine große Rolle. Wenn ich so darüber nachdenke, ist es schon frappierend, aber tun kann man im Grunde nichts.« Das wäre nicht fair und vollkommen fehl am Platz. Also habe ich mir vorgenommen, einmal gründlich darüber nachzudenken.

Für jemanden, der Schriftsteller werden will, ist es zunächst äußerst wichtig, viel zu lesen. Tut mir leid, wenn das banal klingt, aber meines Erachtens ist lesen die wichtigste Übung für einen angehenden Schriftsteller, die er keinesfalls vernachlässigen darf. Um einen Roman schreiben zu können, muss man als unbedingte Grundvoraussetzung wissen, wie ein solcher aufgebaut ist. Das ist ebenso selbstverständlich wie die Tatsache, dass man, um ein Omelette zu machen, zuerst einmal die Eier aufschlagen muss.

Besonders in jungen Jahren sollte man möglichst so viele Bücher lesen, wie man in die Finger bekommt. Hervorragende, weniger hervorragende oder völlig unerhebliche, das spielt überhaupt keine Rolle, Hauptsache, man liest ständig jeden Fetzen Papier. Lässt eine Vielzahl an Geschichten auf sich wirken. Lernt außergewöhnliche Stilrichtungen und mitunter auch weniger außergewöhnliche kennen. Darin besteht die wichtigste Aufgabe und eine unentbehrliche Grundvoraussetzung für jeden angehenden Schriftsteller. Dieser Aufgabe sollte man sich widmen, solange die Augen noch gut sind und man Zeit im Überfluss hat. Schreiben ist sicher auch wichtig, meiner Ansicht nach jedoch zweitrangig. Dazu bleibt später noch genügend Zeit.

Als Nächstes – wahrscheinlich auch noch vor dem eigentlichen Schreiben – sollte man sich unbedingt darin üben, Menschen, Dinge und Ereignisse, alles um sich herum, ganz gleich, was es ist, aufmerksam und gründlich zu beobachten. Und es sich durch den Kopf gehen zu lassen. »Durch den Kopf gehen lassen« soll nicht heißen, es bestehe eine Notwendigkeit, ein schnelles Urteil über den Wert der Dinge oder darüber, ob etwas richtig oder falsch ist, zu fällen. Schlussfolgerungen sollte man möglichst lange hinauszögern. Eindeutige Schlüsse zu ziehen ist nicht entscheidend. Entscheidend ist es, die Dinge als eine Art Rohmaterial möglichst klar und lebendig, so wie sie sind, im Kopf zu behalten.

Es gibt Charaktere, die ihre Mitmenschen und das, was um sie herum geschieht, rasch und entschieden analysieren und so in kürzester Zeit zu eindeutigen Schlussfolgerungen – »das ist so« oder »dieses ist jenes« oder »dies verhält sich so und so« – gelangen. Allerdings haben solche Menschen (meiner Meinung nach) keine besondere Veranlagung zur Schriftstellerei und eignen sich besser zum Kritiker oder Journalisten. Oder vielleicht zum Wissenschaftler oder Gelehrten. Ein Schriftsteller hingegen ist ein Mensch, der, auch wenn er bestimmte Schlussfolgerungen im Kopf hat oder solche sich in ihm ankündigen, diese als eigenmächtig im Zaum hält und überdenkt. So einfach kann man das nicht entscheiden. Vielleicht treten später neue Faktoren auf, und die Geschichte dreht sich um 180 Grad, denkt er sich.

Allem Anschein nach bin ich so ein Typ. Natürlich arbeitet der Kopf mitunter zu schnell, und ich habe immer wieder die bittere Erfahrung gemacht, dass sich eine von mir übereilt getroffene Schlussfolgerung im Nachhinein als unrichtig (oder unpräzise oder ungenügend) herausstellte. Ich geriet in große Verlegenheit, schwitzte Blut und Wasser und machte sinnlose Umwege. Also beschloss ich, es mir zur Gewohnheit zu machen, keine sofortigen Schlüsse zu ziehen und mir so viel Zeit wie möglich zum Nachdenken zu nehmen. Statt einer angeborenen Veranlagung scheint dies eher etwas zu sein, das ich mir aufgrund schmerzlicher Erfahrungen erst spät angeeignet habe.

Deshalb setze ich, wenn etwas geschieht, nicht mein Denken in Bewegung, um sofort ein Urteil zu fällen. Stattdessen bemühe ich mich nach Möglichkeit, beobachtete Szenen, auftretende Personen oder erlebte Phänomene als bloße »Fallbeispiele«, sozusagen als Muster, im Gedächtnis zu behalten. Dann kann ich meinen Gegenstand einige Tage später, wenn ich Abstand gewonnen und mehr Zeit dazu habe, von verschiedenen Seiten betrachten, gründlich erforschen und nötigenfalls ein entsprechendes Fazit ziehen.

Erfahrungsgemäß sind jedoch die Fälle, in denen eine Entscheidung dringend notwendig ist, sehr viel seltener, als wir annehmen. So selten, dass ich – in kurzfristigen ebenso wie in langfristigen Fragen – mittlerweile daran zweifle, ob wir Entscheidungen *wirklich* so nötig brauchen. Weshalb ich mich, sooft ich Zeitung lese oder im Fernsehen die Nachrichten sehe, verwundert frage, was man mit derart übers Knie gebrochenen Ergebnissen anfangen soll.

Strebt man in der heutigen Welt nicht viel zu hastig nach Schwarz-Weiß-Urteilen? Natürlich kann man nicht alle Entscheidungen auf morgen oder ein andermal verschieben. Es gibt sicher eine Menge Angelegenheiten, in denen eine vorläufige Entscheidung getroffen werden muss. Im Extremfall darüber, ob es einen Krieg gibt oder nicht, ob morgen ein Atomkraftwerk ans Netz geht oder nicht. Natürlich muss in solchen Fällen der eigene Standpunkt sofort bestimmt werden, sonst kann es übel ausgehen. Aber werden wir nicht viel zu häufig in die Enge getrieben? Die Zeit zwischen dem Sammeln der Informationen und der Präsentation von Schlussfolgerungen wird immer kürzer, und wenn jeder zum Nachrichtenkommentator oder Kritiker wird, verwandelt sich die Welt zunehmend in einen unwirtlichen, beklemmenden Ort. Oder in einen sehr gefährlichen. Bei Umfragen gibt es immer eine Spalte, in die man »Dazu kann ich nichts sagen« eintragen kann, aber ich finde, stattdessen sollte es heißen: »Dazu kann ich *im Moment* nichts sagen.«

Jedenfalls sollte jemand, der Schriftsteller werden will, seinen Stoff nach Möglichkeit so aufnehmen und sammeln, wie er ist, statt überstürzt Schlüsse zu ziehen. Das gespeicherte Rohmaterial lässt er in seinem Inneren arbeiten. Natürlich ist die Forderung, alles unverändert – »so, wie es ist« – im Gedächtnis zu behalten, unrealistisch. Unser Erinnerungsvermögen ist schließlich begrenzt. Deshalb wird in unserem Speicher ein Minimum an Datenverarbeitung erforderlich.

Was ich mir spontan merke, sind meist interessante Details (über gewisse Personen und Ereignisse). Weil es sehr schwierig ist, sich derlei genau zu merken (oder besser gesagt, weil man solche Dinge eventuell gleich wieder vergisst), nehme ich einige besonders plastische Details heraus und gebe mir Mühe, sie in einer leicht zu behaltenden Form im Kopf zu speichern. Das ist es, was ich mit »minimaler Datenverarbeitung« meine.

Um welche Art von Details geht es dabei? Konkrete, außergewöhnliche Dinge, bei denen man stutzt. Noch besser ist es, wenn sie nicht leicht zu erklären sind. Auch wenn sie der Logik widersprechen, nicht schlüssig sind, man sich über sie wundert oder sie etwas Geheimnisvolles an sich haben, ist nichts dagegen einzuwenden. Solche Dinge sammle ich, klebe ein Schild mit Datum, Ort und Umständen darauf und speichere sie im Kopf ab. So lege ich sozusagen ein inneres Archiv mit lauter Schubladen an. Natürlich könnte ich ein Notizbuch verwenden und alles aufschreiben, aber ich ziehe es vor, diese Dinge im Kopf zu behalten. Es ist lästig, die ganze Zeit mit einem Notizbuch herumzulaufen, und es kommt nicht selten vor, dass man etwas, was man einmal aufgeschrieben hat, daraufhin ganz beruhigt vergisst. Entlässt man jedoch alles einfach Mögliche in den Kopf, dann verschwindet, was verschwinden soll, und was bleiben soll, bleibt. Ich ziehe diese Art der natürlichen Auslese durch mein Gedächtnis vor.

Es gibt eine Geschichte, die mir außerordentlich gut gefällt. Als der Dichter Paul Valéry einmal ein Interview mit Albert Einstein führte, fragte er diesen, ob er ein Notizbuch bei sich trage, um seine Ideen darin festzuhalten. Einstein blickte ihn mit mildem, aber aufrichtigem Erstaunen an und erwiderte: »Aber nein, das brauche ich nicht. Ich habe so selten eine Idee.«

Tatsächlich ist es mir bisher kaum passiert, dass ich dachte: Ach, hätte ich doch nur ein Notizbuch bei mir. Wenn man etwas wirklich Wichtiges einmal im Kopf hat, vergisst man es nicht so leicht wieder.

Jedenfalls ist eine umfangreiche Sammlung von konkreten Details von unschätzbarem Wert für das Schreiben eines Romans. Erfahrungsgemäß spielen spitzfindige, konzise Urteile und logische Schlussfolgerungen für einen Romancier keine bedeutende Rolle. Viel eher können sie ein Klotz am Bein sein und den natürlichen Erzählfluss erheblich behindern. Gelingt es jedoch, die verschiedenen in dem bewussten inneren Archiv abgelegten Einzelheiten nach Bedarf in den Roman einzuarbeiten, gerät die in ihnen enthaltene Geschichte so natürlich und lebendig, dass es einen selbst erstaunt.

Was könnte beispielsweise ein solches Detail sein?

Natürlich fällt mir jetzt kein Beispiel ein … oder doch: Nehmen wir an, Sie kennen jemanden, der, wenn er ernsthaft wütend wird, grundlos niesen muss. Wenn er einmal anfängt, hört er so bald nicht mehr auf. Ich habe keinen solchen Bekannten, aber nehmen wir an, Sie hätten einen. Ein Ansatz wäre natürlich, physiologisch oder psychologisch zu analysieren, warum diese Person niesen muss, wenn sie wütend wird, und eine Hypothese zu erstellen, aber ich betrachte die Dinge nicht auf diese Weise. Im Allgemeinen wundere ich mich ein wenig, frage nicht nach dem Warum und akzeptiere, dass es so etwas eben auf der Welt gibt. Damit hat es sich auch schon. Und ich lasse dieses »Bröckchen«, wie es ist, – *plopp* – in eine Schublade fallen. Mein Gedächtnis ist voll von solchen im Grunde *zusammenhanglosen* Erinnerungen.

James Joyce' Aussage »Fantasie ist Erinnerung« trifft den Kern der Sache. Ich teile seine Ansicht, dass es sich bei der Imagination um die Verkettung bruchstückhafter Erinnerungen handelt, denen der Zusammenhang fehlt. Vielleicht klingt das widersprüchlich, aber »gekonnt verbundene, zusammenhanglose Erinnerung« verfügt über eine eigene Intuition, ein Vorherwissen. Und genau das sollte die wahre Triebfeder einer Geschichte sein.

Jedenfalls können wir in unserem Kopf – zumindest ich kann es in meinem – ein solches geräumiges Archiv einrichten. Die einzelnen Schubladen sind vollgestopft mit Erinnerungen, die als Informationen dienen. Es gibt große, es gibt kleine und auch solche mit geheimen Winkeln. Wenn ich schreibe, öffne ich sie nach Bedarf, nehme das Material heraus und verwende es als Teil meiner Geschichte. Die Anzahl der Schubladen ist riesig, aber wenn ich mich auf einen Roman konzentriere, steigt in mir automatisch ein Bild davon auf, was sich in welcher Schublade befindet, und ich finde augenblicklich und unbewusst, was ich suche. Normalerweise erwecke ich vergessen geglaubte Erinnerungen mühelos zum Leben. Es fühlt sich immer sehr gut an, wenn mein Kopf diesen frei beweglichen Zustand erreicht. Mit anderen Worten, die Fantasie löst sich von meinem Willen, wird plastisch und beginnt frei zu fließen. Es ist wohl überflüssig, es zu erwähnen, aber für mich als Schriftsteller sind die in diesem Archiv aufbewahrten Inhalte ein kostbarer, unersetzlicher Schatz.

In dem 1991 von Steven Soderbergh gedrehten Film *Kafka* gibt es eine Szene, in der Franz Kafka, dargestellt von Jeremy Irons, sich in ein unheimliches Schloss schleicht (das natürlich von *Das Schloss* inspiriert ist), in dem es einen hohen Raum mit einer riesigen Zahl großer Schubladen gibt. Ich weiß noch, dass ich, als ich den Film sah, dachte, sie seien wie eine szenische Darstellung des Archivs in meinem Gehirn. Falls Sie Gelegenheit haben, diesen hochinteressanten Film zu sehen, richten Sie Ihr Augenmerk doch bitte einmal auf diese Szene. In meinem Kopf sieht es zwar nicht so unheimlich aus, aber die Anordnung ist im Grunde recht ähnlich.

Als Schriftsteller verfasse ich nicht ausschließlich Erzählungen und Romane, sondern mitunter auch Aufsätze oder Essays. Aber ich habe beschlossen, wenn ich an einem Roman arbeite, niemals ohne Not gleichzeitig etwas anderes zu schreiben. Denn beim

Verfassen von Essays öffne ich nach Bedarf ebenfalls irgendeine Schublade und verwende das darin abgelegte Material. So kann die Situation entstehen, dass ich etwas, obwohl ich es für den Roman brauche, bereits irgendwo anders eingesetzt habe. Zum Beispiel kann es vorkommen, dass ich die Sache mit der Person, die unaufhörlich niesen muss, wenn sie wütend wird, schon vor Kurzem in einer Aufsatzreihe für eine Wochenzeitschrift verwendet habe. Natürlich ist es nicht so schlimm, wenn man dasselbe Material in einem Essay und in einem Roman verwendet, aber seltsamerweise lässt dieser Verstoß den Roman etwas dürftiger und magerer erscheinen. Deshalb reserviere ich mir lieber sämtliche Schubladen für den Roman. Da man nie weiß, was man wann braucht, sollte man möglichst sparsam mit den Vorräten darin umgehen. Das hat mich meine jahrzehntelange Schriftstellertätigkeit gelehrt.

Sobald ich den Roman mehr oder weniger fertig habe, schreibe ich Aufsätze, denn in den ungeöffneten Schubladen liegt ja noch eine Menge ungenutztes Material (sozusagen der Überschuss), das mir nun zur freien Verfügung steht. Essays sind für mich gewissermaßen ein Nebenprodukt, wie zum Beispiel eine Bierfabrik manchmal auch Oolong-Tee in Dosen produziert. Aber den wirklich reizvollen Stoff hebe ich mir für den nächsten Roman, also mein Hauptgeschäft, auf. Angesammeltes Material erregt in mir automatisch den Wunsch, einen Roman zu schreiben. Deshalb muss ich so sorgsam wie möglich damit umgehen.

Ich will noch einmal auf einen Film zurückkommen. In *E. T.* von Steven Spielberg gibt es eine Szene, in der E. T. sich allerlei Gerümpel zusammensucht und sich daraus ein improvisiertes Funkgerät baut. Erinnern Sie sich? Es sind ein Regenschirm, eine Stehlampe, Geschirr, ein Plattenspieler usw. – ich habe vergessen, was es alles war, denn ich habe den Film schon länger nicht gesehen. Jedenfalls bastelt er aus all diesen Gegenständen flugs ein Funkgerät zusammen. »Improvisiert« stimmt eigentlich gar nicht, denn es ist ein richtiges Kommunikationsgerät, mit dem er mit seinem Tausende von Lichtjahren entfernten Planeten Verbindung aufnehmen kann. Diese Szene hat mich sehr beeindruckt, und ich wünschte, ich könnte auf dieselbe Weise gelungene Romane zustande bringen. Die Qualität des Rohstoffs an sich ist dabei gar nicht so entscheidend. Was man vor allem braucht, ist »Magie«. Auch wenn man nur alltägliche, einfache Materialien, also ungekünstelte, schlichte Worte verwendet, können daraus mit etwas Magie erstaunlich raffinierte Konstruktionen entstehen.

Doch in jedem Fall braucht jeder seine eigene Abstellkammer. Ganz gleich, wie viel Magie wir einsetzen, aus dem Nichts lässt sich keine Substanz hervorbringen. Für E. T. musste ja erst einmal ein entsprechender Vorrat an »Gerümpel« im Wandschrank bereitstehen, damit er sich bedienen konnte.

Als ich beschloss, mit dem Schreiben anzufangen, wusste ich nicht so recht, worüber ich überhaupt schreiben sollte. Anders als die Generation meiner Eltern und Großeltern hatte ich weder Krieg noch Wirren noch Hunger erlebt. Auch eine Revolution hatte ich nicht mitgemacht (höchstens eine Pseudorevolution, aber das war kein Stoff, über den ich hätte schreiben wollen). Auch daran, schlecht behandelt oder diskriminiert worden zu sein, konnte ich mich nicht erinnern. Ich bin in einer ziemlich ruhigen Vorstadtgegend in einer ziemlich normalen Familie aufgewachsen. Wir waren nicht unzufrieden und litten keinen Mangel, und auch wenn ich nicht besonders glücklich war, so war ich doch auch nicht besonders unglücklich (was vermutlich heißt, ich hatte einigermaßen Glück). Meine Noten in der Schule waren weder herausragend noch auffällig schlecht. Kurzum, ich verlebte eine durchschnittliche Jugend ohne besondere Höhen und Tiefen.

Auch wenn ich mich noch so sehr umschaute, ich konnte nichts entdecken, von dem ich gesagt hätte: »Das musst du unbedingt aufschreiben!« Ich hätte gern etwas geschrieben, aber es war einfach nichts Substanzielles vorhanden, über das es sich zu schreiben gelohnt hätte. Ich kam also, bis ich neunundzwanzig wurde, nicht auf den Gedanken, einen Roman zu schreiben, denn ich besaß nicht die Begabung, ohne entsprechenden Stoff etwas zu Papier zu bringen. Romane waren für mich etwas, das ich las, und zwar massenhaft, aber selbst einen zu schreiben konnte ich mir nicht vorstellen.

Ich glaube, den Jüngeren geht es heute ganz ähnlich. Eigentlich gibt es im Vergleich zu meiner Jugend noch weniger Ereignisse, über die es sich »zu schreiben lohnt«. Was soll man in solchen Zeiten schreiben?

Ich glaube, da hilft wieder nur die E.-T.-Methode. Die Abstellkammer öffnen, das, was drin ist, zusammenraffen – auch wenn es nur altes Gerümpel ist –, es mit Geduld zusammensetzen und dann – *ping!* – die Magie einschalten. Eine weitere Methode, um mit dem anderen Stern Verbindung aufzunehmen, haben wir nicht. Wir müssen mit dem auskommen, was uns zur Verfügung steht. Falls Ihnen das jedoch gelingt, werden sich Ihnen ungeahnte Möglichkeiten eröffnen. Das ist der wunderbare Umstand, dass Sie *Magie anwenden können*. (Richtig, dass Sie einen Roman schreiben können, bedeutet, Sie können in Kontakt zu Lebewesen auf einem anderen Stern treten. Glauben Sie mir!)

Als ich meinen ersten Roman, *Wenn der Wind singt,* schreiben wollte, merkte ich also, dass ich *nichts zu schreiben* hatte. Das hieß, ich musste diesen Umstand zu meinem Werkzeug machen und mit dessen Hilfe meinen Roman schaffen. Ein anderes Mittel gibt es auch für die kommende Generation von Schriftstellern nicht. Sie müssen ihre Geschichte aus dem schaffen, was sie zur Hand haben.

Um die Geschichte zu transportieren, braucht man neue Worte und einen neuen Stil, das heißt, ein neues Transportmittel. Wer weder Krieg noch Revolution noch Hungersnot und ähnlich schwerwiegende Fragen behandelt (behandeln kann), muss sich zwangsläufig leichteren Themen zuwenden. Er braucht unbedingt ein wendiges und flexibles Gefährt.

Nach mehreren fehlgeschlagenen Versuchen (ich habe im 2. Kapitel darüber geschrieben) gelang es mir endlich, mir einen japanischen Stil zu schaffen, dessen Anwendung ich erträglich fand. Er war noch unvollkommen, ein Provisorium und hier und da ziemlich dürftig, aber das ist bei einem Erstlingsroman wohl unvermeidlich. Diese Mängel würde ich später – falls es ein Später geben sollte – nach und nach beheben können.

Besonders achtete ich darauf, nichts zu erklären. Stattdessen warf ich verschiedene bruchstückhafte Episoden, Bilder, Szenen und Begriffe in den Roman wie in ein Gefäß und verknüpfte sie zu einer plastischen Darstellung. Und diese Verknüpfung muss in einem Raum geschehen, der nichts mit gewöhnlicher Logik oder literarischer Sprache zu tun hat. Das ist das grundlegende Schema.

Bei dieser Aufgabe ist nichts hilfreicher als Musik. Ich fertige einen Text an, wie man ein Musikstück spielt, das ist der Trick. Vor allem der Jazz hilft mir sehr dabei, und beim Jazz ist, wie Sie wissen, der Rhythmus das Wichtigste. Man muss von Anfang bis Ende einen fesselnden und soliden Rhythmus beibehalten, andernfalls bleibt der Zuhörer nicht bei der Stange. Als Nächstes kommen die Akkorde. Oder die Harmonien. Grundakkorde, Dur-Akkorde, Moll-Akkorde, Plus-Akkorde, verminderte Akkorde. Die Akkorde von Bud Powell, Thelonious Monk, Bill Evans oder Herbie Hancock. Alle möglichen Akkorde. Obwohl alle nur die gleichen 88 Tasten des Klaviers zur Verfügung haben, klingen die Akkorde je nach Person so verschieden, dass es ganz erstaunlich ist – ein Umstand, der uns einen bedeutenden Hinweis gibt. Selbst wenn uns für unsere Geschichten nur eine begrenzte Menge an Stoff zur Verfügung steht, existieren dennoch unbegrenzte – oder nahezu unbegrenzte – Möglichkeiten. Es wird nie so sein, dass auf einem Klavier nichts Neues mehr zustande kommen kann, weil es nur 88 Tasten hat.

Kommen wir nun zur freien Improvisation, denn diese bildet das Fundament des Jazz. Bei einer Improvisation entwickeln sich die Töne ganz frei während des Musizierens.

Ich spiele kein Instrument. Zumindest nicht so, dass es für die Ohren anderer geeignet wäre. Doch verspüre ich den starken Wunsch, Musik machen zu können. Von Anfang an dachte ich, ich könnte Texte schreiben, wie man Musik macht. Auch jetzt empfinde ich das noch genauso. Beim Anschlagen der Tastatur bin ich stets auf der Suche nach dem richtigen Rhythmus, dem passenden Klang und der harmonischen Klangfarbe. Das ist für mich ein wichtiger Faktor, an dem sich nie etwas geändert hat.

Ich weiß aus eigener Erfahrung, wie schwierig es ist, den Motor in Gang zu bekommen, wenn man davon ausgeht, dass man eigentlich nichts zu sagen bzw. zu schreiben hat. Aber ist der Stein erst einmal ins Rollen gekommen, ist es ganz leicht. Denn »nichts zu schreiben haben« bedeutet ja mit anderen Worten »völlig frei irgendetwas schreiben können«. Gerade wenn der Stoff »leichtgewichtig« und mengenmäßig begrenzt ist, lässt sich daraus eine endlose Zahl an Geschichten entwickeln, solange Sie nur die magische Fähigkeit besitzen, ihn zu verknüpfen. Wenn Sie diese Aufgabe meistern und Ihren gesunden Ehrgeiz nicht verlieren, wird es Ihnen gelingen, ein so gehaltvolles und tiefes Werk zu entwickeln, dass es Sie selbst erstaunen wird.

Dagegen neigen manche Schriftsteller, die von Anfang an einen sehr gewichtigen Stoff an der Hand haben, ab einem gewissen Punkt dazu, »an Gewicht zu verlieren«. Zum Beispiel kommt es bei Autoren, die Kriegserlebnisse schildern, häufiger vor, dass sie, nachdem sie mehrere Werke aus verschiedenen Blickwinkeln zu diesem Thema verfasst haben, einem völligen Stillstand anheimfallen und nicht wissen, was sie als Nächstes schreiben sollen. Natürlich gibt es auch solche, die an diesem Punkt resolut die Richtung ändern und sich einem neuen Thema zuwenden, an dem sie als Autor weiter wachsen können. Dann wiederum gibt es Autoren, die keinen erfolgreichen Richtungswechsel hinbekommen und mit der Zeit ihre Ausdruckskraft einbüßen.

Ernest Hemingway gehört ohne Zweifel zu den Autoren, die den größten Einfluss auf das 20. Jahrhundert hatten. Dennoch hat sich die Ansicht durchgesetzt, dass sein Frühwerk das bessere sei. Auch ich mag seine beiden ersten Romane, *Fiesta* und *In einem anderen Land*, sowie die frühen Kurzgeschichten, die später als *Die Nick Adams Stories* erschienen sind, am liebsten. Sie sind von atemraubender Kraft und Ausstrahlung. Seine späteren Werke, so hervorragend sie auch sein mögen, haben ihr Potenzial als Romane nicht vollständig erreicht, und auch sein Stil scheint nicht mehr die gleiche Frische zu besitzen wie zu Anfang. Deshalb frage ich mich, ob das nicht daran liegen könnte, dass Hemingway ein Typ Schriftsteller war, der seine kreative Kraft vor allem aus dem Rohmaterial seiner Geschichten zog. Vielleicht nahm er deshalb sein ganzes Leben lang freiwillig an Kriegen teil (am Ersten Weltkrieg, am Spanischen Bürgerkrieg, am Zweiten Weltkrieg), ging auf Großwildjagd in Afrika, fischte und setzte sich so intensiv mit dem Stierkampf auseinander. Er brauchte wohl immer äußere Reize. Wer so lebt, wird zur Legende, aber die Dynamik, die diese Erfahrungen verleihen, nimmt mit zunehmendem Alter ab. Womöglich verfiel Hemingway deshalb, obwohl er 1954 den Literaturnobelpreis erhielt, dem Alkohol und nahm sich 1961 auf der Höhe seines Ruhms das Leben. Natürlich kann das niemand wissen außer ihm selbst.

Im Vergleich zu ihm haben Schriftsteller, deren Geschichten sich aus ihrem Inneren entwickeln, ohne dass sie auf wuchtiges, dramatisches Rohmaterial zurückgreifen müssen, es leichter. Ich nehme Ereignisse, die um mich herum geschehen, Szenen, die ich Tag für Tag sehe, Menschen, denen ich im Alltag begegne, spontan als Material in mir auf und erschaffe auf dieser Grundlage mithilfe meiner Vorstellungskraft eigene Geschichten. Ich verfüge sozusagen über die Energie, Erlebtes neu zu beleben. Ich muss nicht eigens in den Krieg ziehen, einen Stierkampf ansehen oder Geparden und Leoparden schießen.

Verstehen Sie mich richtig, damit will ich nicht sagen, Erfahrungen wie Krieg, Stierkampf oder die Jagd hätten keine Bedeutung. Natürlich haben sie die. Ganz ohne Frage sind Erfahrungen für einen Schriftsteller ungeheuer wichtig. Ich wollte nur sagen, dass ich persönlich der Meinung bin, dass auch Menschen, die nicht über diese Art von dynamischen Erfahrungen verfügen, Romane schreiben können. Wer auch nur die geringsten Erlebnisse hat, kann gegebenenfalls erstaunliche Kraft daraus ziehen.

Es gibt die Redensart »Holz sinkt, Stein schwimmt«. Das bedeutet, es geschehen Dinge, die eigentlich gar nicht möglich sind. Aber in der Welt der Literatur – oder, besser gesagt, in der Welt der Kunst – kommt es tatsächlich immer wieder zu diesem Phänomen der Umkehrung. Dinge, die allgemein als leicht befunden werden, erhalten mit der Zeit ein beachtliches Gewicht, und Dinge, die für schwerwiegend gehalten wurden, verlieren unversehens an Gewicht und werden zu einer leeren Hülle. Die unsichtbare Kraft anhaltender Kreativität kann in Verbindung mit der Zeit eine solche drastische Umkehrung herbeiführen.

Wer also glaubt, er verfüge nicht über den notwendigen Stoff für einen Roman, braucht darum nicht zu verzagen. Wenn Sie Ihre Perspektive ändern und Ihr Konzept umstellen, wird Ihnen aus Ihrem Umfeld eine Fülle von Material in den Schoß fallen. Es wartet nur darauf, von Ihnen entdeckt, aufgegriffen und verwendet zu werden. Auch wenn das, was andere Menschen tun, auf den ersten Blick langweilig erscheinen mag, werden Sie nach und nach ganz automatisch das Spannende daran hervorbringen. Das Wichtigste dabei – ich wiederhole mich – ist es, den gesunden Ehrgeiz nicht zu verlieren. Das ist der Schlüssel.

Es ist eine alte Lieblingsthese von mir, dass so etwas wie Über- oder Unterlegenheit der einen oder anderen Generation nicht existiert. Ständig wird in der Öffentlichkeit dieser stereotype Generationenkonflikt ausgetragen, den ich für sinnlose und leere Theorie halte. Jede Generation hat ihre Verdienste und Fehler, ihre Vorzüge und Nachteile. Natürlich unterscheidet sich jede in ihren Vorstellungen und Fähigkeiten, aber doch nicht in der Gesamtheit. Oder die Kluft ist nicht so tief, dass sie Probleme aufwerfen würde.

Ich will ein konkretes Beispiel nennen. Die jüngere Generation ist vermutlich in ihrer Fähigkeit, Kanji zu lesen und zu schreiben, der älteren unterlegen (obwohl ich das nicht mal genau weiß), doch in ihrer Fähigkeit, Computersprache zu verstehen und umzusetzen, der älteren fraglos überlegen. Damit will ich nur sagen, dass jede Generation ihre Stärken und Schwächen hat. Jede Generation sollte sich ausdrücken, indem sie ihre jeweiligen Stärken in den Vordergrund stellt. Ihr Werkzeug sollte die Sprache sein, die sie beherrscht und die ihr leicht von der Zunge geht, und ihr Gegenstand das, was ihr klar vor Augen steht. Komplexe oder Überlegenheitsgefühle gegenüber anderen Generationen sind überflüssig.

Als ich vor mehr als fünfunddreißig Jahren zu schreiben begann, wurde ich von der älteren Generation häufig streng verurteilt. »Das ist doch kein Roman«, hieß es, oder: »So was kann man doch nicht Literatur nennen.« Diese Situation war ziemlich belastend bzw. deprimierend für mich, weshalb ich Japan verließ und lange im Ausland lebte, wo ich unbehelligt in aller Ruhe schreiben konnte, wie es mir gefiel. Dabei kam mir überhaupt nicht in den Sinn, dass ich womöglich etwas falsch machte. Ich war völlig unbekümmert. Ich kann eben nur so schreiben, dachte ich, also schreibe ich so. Was bleibt mir übrig? Mir war klar, dass das, was ich schrieb, beileibe nicht vollkommen war, aber ich hoffte, eines Tages ausgereiftere, qualitativ bessere Texte zustande zu bringen. Außerdem war damals vieles im Umbruch, und wenn ich nicht grundsätzlich falsch läge, würde sich das schon erweisen. So dachte ich – zugegebenermaßen etwas unverfroren.

Aber wenn ich mich jetzt so umschaue, weiß ich noch immer nicht, ob es sich tatsächlich erwiesen hat. Es dauert offenbar ewig, bis sich in der Literatur etwas als bleibend bestätigt. Allerdings war ich schon vor fünfunddreißig Jahren unerschütterlich davon überzeugt, nicht völlig auf dem Holzweg zu sein. Und ich bin es noch heute. In weiteren fünfunddreißig Jahren herrschen vermutlich völlig neue Umstände, doch aufgrund meines Alters werde ich das wohl schwerlich überprüfen können. Das muss bitte jemand anderes für mich tun.

Was ich hier sagen möchte, ist, dass jede Generation über ihre eigenen Romanstoffe verfügt und aus deren Gestalt und Gewicht die Beschaffenheit des Transportmittels *errechnet*, mit dem sie diese zu befördern gedenkt. Und aus dieser Wechselbeziehung entsteht – gleichsam dort, wo Stoff und Gefährt einander begegnen – romanhafte Wirklichkeit.

Jede Epoche und jede Generation hat ihre eigene charakteristische Realität. Doch eines wird sich für einen Schriftsteller niemals ändern: Er braucht Stoff für seine Geschichten, und den muss er sammeln.

Sollten Sie beschlossen haben zu schreiben, schauen Sie sich aufmerksam in Ihrer Umgebung um. Das ist der Schluss aus all dem, was ich hier gesagt habe. Die Welt mag langweilig wirken, doch in Wirklichkeit wimmelt es auf ihr von magischen, geheimnisvollen Rohdiamanten, die darauf warten, geschliffen zu werden. Schriftsteller sind Menschen, die einen besonderen Blick dafür haben, sie zu finden. Und das Wunderbare ist, sie sind kostenlos. Man braucht nur scharfe Augen, dann hat man die freie Wahl und kann so viele von diesen Kostbarkeiten aufsammeln, wie man nur will.

Einen schöneren Beruf kann es gar nicht geben. Finden Sie nicht auch?

6 DIE ZEIT ALS VERBÜNDETE ODER: WIE SCHREIBE ICH EINEN UMFANGREICHEN ROMAN?

In den mehr als fünfunddreißig Jahren, in denen ich von Beruf Schriftsteller bin, habe ich Werke verschiedensten Umfangs und Stils verfasst. Romane, die so lang waren, dass sie mehrere Bände umfassten (zum Beispiel *1Q84*), solche, bei denen es mit einem Band getan war (wie *Afterdark*), Kurzgeschichten und sogenannte Short Storys. Wären sie eine Armada, hätte ich alle Arten von Kriegsschiffen vom Zerstörer bis zum U-Boot versammelt (selbstverständlich verfolge ich mit meiner Armada keine aggressiven Ziele). Jedes dieser Schiffe hat seine besonderen Eigenschaften und Aufgaben. Und alle sind sie so positioniert, dass sie einander ergänzen. Der Umfang, für den ich mich entscheide, hängt von meiner jeweiligen Verfassung ab. Ich lasse meinem spontanen Empfinden seinen Lauf, woraus sich ganz natürlich eine Art Rotation, jedoch ohne festen Rhythmus ergibt. Ich wähle meine Form ganz frei, nach meinen inneren Bedürfnissen. Sie sagen mir, dass ich mal wieder einen längeren Roman oder Kurzgeschichten schreiben könnte, und ich reagiere darauf. Meine Entscheidung ist immer eindeutig. Ich gerate dabei nie ins Wanken. Kommt für mich die Zeit, Kurzgeschichten zu schreiben, konzentriere ich mich darauf, ohne meinen Blick etwas anderem zuzuwenden.

Doch grundsätzlich oder, besser gesagt, letztendlich betrachte ich mich als Romanschriftsteller. Kurzgeschichten und Erzählungen schreibe ich zwar auch sehr gern, und wenn ich einmal dabei bin, widme ich mich dem jeweiligen Text mit ganzer Seele und Zuneigung, aber mein Hauptschlachtfeld ist der Roman. In ihm, so glaube ich, tritt meine Besonderheit als Autor, meine charakteristische Note, am deutlichsten – und wahrscheinlich in ihrer besten Form – hervor. (Offenbar gibt es Leute, die anderer Meinung sind, und ich habe nicht die geringste Absicht, ihnen zu widersprechen.) Da ich die Konstitution eines Langstreckenläufers habe, brauche ich stets eine gewisse *Menge* an Zeit und Distanz, damit verschiedene Gegenstände für mich verständlich und greifbar werden. Wenn ich etwas wirklich tun will, brauche ich – wie ein Flugzeug – eine ziemlich lange Startbahn.

Die Kurzgeschichte ist ein wendiges und sehr flexibles Gefährt und somit bestens geeignet, um Details abzudecken, die im Roman nicht gut fassbar sind. In ihr kann ich drastische stilistische und inhaltliche Experimente durchführen und Stoffe aufgreifen, für die nur die kurze Form in Betracht kommt. Ich kann (wenn es gut läuft) verschiedenste Aspekte ganz leicht umsetzen, beinahe so, als würde ich mit einem feinen Netz Schatten fangen. Ich brauche auch gar nicht so viel Zeit zum Schreiben. Wenn ich Lust habe, kann ich eine Kurzgeschichte ohne große Vorbereitungen und Mühe in wenigen Tagen fertigstellen. In gewissen Momenten brauche ich diese leichte und anpassungsfähige Form sehr, und sie gibt mir viel. Letztendlich jedoch ist sie für mich nur eine bedingte Ausdrucksform. Sie bietet mir nicht den Raum, der es mir ermöglicht, mich völlig zu versenken.

Wenn ich eine Geschichte schreiben will, die für mich von Bedeutung ist, mit anderen Worten, eine zusammenhängende Erzählung, die das Potenzial besitzt, mich als Autor zu verwandeln, brauche ich sehr viel Raum, den ich frei und ohne Einschränkung nutzen kann. Erst wenn ich mir diesen Raum geöffnet habe und sicher bin, dass sich genügend Energie in mir gesammelt hat, um ihn zu füllen, drehe ich sozusagen den Hahn ganz auf und mache mich auf meinen langen Weg. Das unvergleichliche Gefühl von Zufriedenheit, das mich in solchen Momenten erfüllt, habe ich nur, wenn ich einen Roman schreibe.

So gesehen, ist der Roman für mich eine Lebensader, während Kurzgeschichten und Novellen, ich sage es ganz offen, vor allem eine wichtige Vorbereitung sind, sozusagen ein konkreter Schritt auf einen Roman zu. Ein Zehntausendmeter- oder Fünftausendmeterlauf hinterlässt auch ein eigenes Ergebnis, und letztlich ist der erste Schritt der gleiche wie bei einem Langstreckenläufer, der zu einem Marathon aufbricht.

Wenden wir uns jetzt also dem Verfassen längerer Romane zu. An diesem Beispiel möchte ich berichten, auf welche Weise ich schreibe. Man spricht natürlich übergreifend von »Roman«, aber ebenso wie der Inhalt jeder einzelnen Geschichte verschieden ist, sind die Methode, der Ort, an dem man arbeitet, und die Zeit, die man braucht, ebenfalls verschieden. Dennoch scheinen sich – zumindest meinem Eindruck nach – gewisse Gegebenheiten wie die Reihenfolge der Arbeitsabläufe in Umrissen kaum zu ändern und lassen sich in meinem Fall als *business as usual* bezeichnen. Das heißt, indem ich mich zur Arbeit in diesem festen Gitter antreibe und einen Lebens- und Arbeitszyklus definiere, ermögliche ich es mir, einen Roman zu schreiben. Da es sich um eine längerfristige Tätigkeit handelt, die eine nicht unerhebliche Menge an Energie erfordert, muss ich zunächst meine körperliche Konstitution festigen. Andernfalls droht die Gefahr, dass mich mitten in der Arbeit die Kräfte verlassen.

Bevor ich also mit einem Roman anfange, ordne ich zunächst die Dinge, die ich (metaphorisch gesprochen) auf dem Schreibtisch habe. Ich richte mich darauf ein, an nichts anderem zu schreiben als an diesem Roman. Wenn ich gerade an einer Artikelserie arbeite, unterbreche ich sie. Auch spontan hereinkommende Aufträge nehme ich nicht an. Denn wenn ich mich einer Sache ernsthaft widmen will, dann kann ich mich kaum auf etwas anderes konzentrieren. Es kommt vor, dass ich an Übersetzungen, für die ich keinen Abgabetermin habe, in einem mir angenehmen Tempo weiterarbeite. Aber das tue ich eher zu meiner Zerstreuung als zur Sicherung meines Lebensunterhalts. Da Übersetzen eigentlich eine mechanische Tätigkeit ist, sind dabei andere Teile des Gehirns aktiv als beim Schreiben. Deshalb beeinträchtigt es mich nicht. Ich empfinde es – ähnlich wie das Dehnen von Muskeln beim Sport – sogar als wohltuenden Ausgleich.

Sicher finden einige Kollegen, ich hätte leicht reden, denn viele haben, während sie an einem Roman schreiben, ohne Nebenbeschäftigung kein Einkommen. Allerdings berichte ich hier nur über das System, das ich selbst anwende. Tatsächlich kann man von seinem Verlag einen Vorschuss bekommen, aber in Japan gibt es das System der Vorauszahlung nicht, und es kann sein, dass jemandem in der Zeit, in der er an einem Roman schreibt, nicht genug für seinen Lebensunterhalt zur Verfügung steht. Ich persönlich habe in der Zeit, als sich meine Bücher noch nicht so gut verkauften, immer (meist körperliche) Arbeit angenommen, die nichts mit dem Schreiben zu tun hatte, um meinen Lebensunterhalt zu verdienen. Aufträge schriftstellerischer Natur bekam ich in der Regel nicht. Abgesehen von wenigen Beispielen am Anfang meiner Laufbahn (früher, bevor ich meinen Schreibstil gefunden hatte, gab es einige Fehlversuche) habe ich mich, wenn ich an einem Roman schrieb, im Prinzip stets nur darauf konzentriert.

Seit einiger Zeit schreibe ich meine Romane häufig im Ausland, denn wenn ich in Japan bin, gibt es immer so viel zu erledigen (oder es ist einfach zu unruhig). Woanders kann ich mich ganz auf das Schreiben konzentrieren, ohne an überflüssige Dinge zu denken. Für mich war es, besonders als ich mit dem Schreiben anfing, besser, nicht in Japan zu sein, denn in dieser Zeit entwickelte ich einen Lebensstil, der mir das Schreiben von Romanen ermöglichte. Zum ersten Mal verließ ich Japan in der zweiten Hälfte der 1980er-Jahre, aber damals hatte ich noch jede Menge Zweifel. Ich hatte keine Ahnung, ob ich wirklich vom Schreiben leben können würde, und machte mir Sorgen. Im Grunde bin ich recht zupackend, aber damals stand ich immerhin vor der Entscheidung, alle Brücken hinter mir abzubrechen. Ich hatte ein paar Aufträge für Reiseberichte (daraus wurde später das Buch *Tooi taiko,* auf Deutsch etwa: »Ferne Trommel«) und auch einen kleinen Vorschuss vom Verlag erhalten, aber vornehmlich lebten wir von unseren Ersparnissen.

In meinem Fall hat sich die kühne Entscheidung, neue Möglichkeiten auszuprobieren, gelohnt. Dadurch, dass mein Roman

Naokos Lächeln, den ich während des Europaaufenthalts fertigstellte, sich so überraschend gut verkaufte, stabilisierte sich unser Leben, und ich konnte eine Art individuelles System entwickeln und vorläufig eine ganze Weile weiterschreiben. In diesem Sinne hatte ich Glück. Das klingt vielleicht selbstgefällig, aber Glück allein reicht nie aus. Auch meine Entschlossenheit und Starrköpfigkeit trugen dazu bei.

Ich habe mir die Regel gesetzt, während der Arbeit an einem Roman täglich zehn Blätter japanischen Manuskriptpapiers zu füllen. Auf einem Blatt ist Platz für 400 Zeichen. Das entspricht ungefähr zweieinhalb Bildschirmseiten auf meinem Computer, aber es ist eine alte Gewohnheit von mir, in Blättern à 400 Zeichen zu rechnen. Auch wenn ich gern noch mehr schreiben würde, höre ich nach zehn Seiten auf. Aber auch wenn mir an einem Tag noch eine fehlt, zwinge ich mich dazu, die zehn Seiten vollzuschreiben. Bei sehr langfristigen Projekten spielt Regelmäßigkeit eine große Rolle. Schreibt man jedoch nur, wenn es fließt, und macht Pause, wenn nicht, dann entsteht keine Regelmäßigkeit. Deshalb schreibe ich jeden Tag zehn Seiten. Wie nach Stechuhr.

Das ist ja wie in der Fabrik, werden einige sagen. So arbeitet doch kein Künstler! Aber warum muss ein Schriftsteller überhaupt ein Künstler sein? Hat das irgendwann einmal jemand bestimmt? Nein, das hat niemand bestimmt. Jeder darf auf die Art schreiben, die ihm gefällt. Wem nichts daran liegt, Künstler zu sein, der wird bei diesem Gedanken sogleich Erleichterung empfinden. Ein Schriftsteller sollte, noch bevor er Künstler ist, ein freier Mensch sein. Und für mich besteht die Definition eines freien Menschen darin, dass er das tut, was er will, und zwar, wann er will und wie er will. Statt Künstler zu werden und im steifen Gewand vor Publikum aufzutreten kann man doch lieber ein ganz normaler freier Mensch sein.

Isak Dinesen sagte, sie schreibe jeden Tag ein Stückchen, »ohne Hoffnung, ohne Verzweiflung«. Genau auf diese Weise bringe auch ich täglich meine zehn Seiten zu Papier. Ganz nüchtern. »Ohne Hoffnung, ohne Verzweiflung« scheint mir eine außergewöhnlich passende Beschreibung dafür zu sein. Ich stehe morgens auf, mache mir Kaffee und setze mich vier oder fünf Stunden lang an den Schreibtisch. Wenn ich an einem Tag zehn Seiten schreibe, ergibt das in einem Monat 300. So kann man sich leicht ausrechnen, dass ich in einem halben Jahr etwa 1800 Seiten schreiben kann. Um ein konkretes Beispiel zu nennen: Das erste Manuskript von *Kafka am Strand* umfasste 1800 Seiten. Dieser Roman ist hauptsächlich an der Nordküste der zu Hawaii gehörigen Insel Kauai entstanden. Dort gibt es überhaupt nichts, und weil es viel regnete, ging mir die Arbeit leicht von der Hand. Anfang April begann ich zu schreiben, im Oktober war ich fertig. Ich kann mich noch gut daran erinnern, weil der Anfang mit dem Beginn der Baseball-Saison zusammenfiel und das Ende mit dem Beginn der Japan Championship Series. In dem Jahr gewannen die Yakult Swallows mit ihrem Manager Wakamatsu. Als langjähriger Fan der Swallows war ich natürlich begeistert, dass sie gesiegt hatten, während ich meinen Roman fertigstellte. Schade war nur, dass ich, weil ich fast die ganze Zeit über auf Kauai gewesen war, nicht zu den regulären Spielen im Jingu-Stadion hatte gehen können.

Anders als beim Baseball beginnt bei einem Roman, wenn die erste Fassung fertig ist, eine weitere Runde. Nun kommt, wenn ich so sagen darf, der lohnende, der *schmackhafte* Teil.

Nachdem ich eine kleine Pause gemacht habe (meist ruhe ich mich ungefähr eine Woche lang aus), mache ich den ersten Durchgang. Dabei überarbeite ich den ganzen Text von vorn. Ich greife stark und umfangreich ein. Unabhängig davon, wie lang der Roman und wie kompliziert sein Plot ist, treibe ich die Geschichte stetig und improvisierend, wie sie mir gerade einfällt, voran, zunächst ohne einen Plan zu erstellen oder den Verlauf oder das Ende zu kennen. Denn auf diese Weise zu schreiben macht definitiv großen Spaß. Allerdings treten dabei stets zahlreiche widersprüchliche Stellen und unlogische Passagen zutage. Manchmal ändern sich mittendrin die Verhaltensweisen und Charakterzeichnungen von Figuren in drastischer Weise. Mitunter auch die zeitliche Abfolge. Diese verkehrten Passagen muss ich jede für sich ordnen und logisch in die Geschichte einfügen. Einen großen Teil streiche ich einfach weg, andere Teile baue ich aus, und hier und da füge ich neue Episoden hinzu.

Als ich *Mister Aufziehvogel* schrieb, strich ich sogar mehrere Kapitel, weil ich fand, dass sie nicht ins Gesamtbild passten, und verwendete sie als Basis für einen gänzlich neuen Roman (*Südlich der Grenze, westlich der Sonne*). Aber dieses Beispiel ist extrem, meist lasse ich die gelöschten Teile einfach weg, und sie verschwinden.

Diese Überarbeitung nimmt einen oder zwei Monate in Anspruch. Ich lasse wieder etwa eine Woche verstreichen und beginne anschließend mit dem zweiten Durchgang. Auch dabei schreibe ich ständig um. Diesmal jedoch richte ich mein Augenmerk mehr auf Details und gehe sehr gründlich vor. Zum Beispiel arbeite ich Landschaftsbeschreibungen detailliert aus und gestalte die Dialoge. Ich überprüfe, ob es logische Brüche gibt, mache Passagen, die beim ersten Lesen schwierig sind, leichter verständlich und sorge dafür, dass die Geschichte reibungslos und natürlich dahinfließt. Es sind keine großen, sondern eher kleine Eingriffe, die da anfallen. Wenn ich damit fertig bin, mache ich wieder eine Pause, bevor ich zum nächsten Durchgang übergehe. Diesmal besteht meine Aufgabe darin, Reparaturen durchzuführen. In diesem Stadium ist es wichtig zu überprüfen, welche Schrauben im Verlauf der Geschichte angezogen und welche gelockert werden müssen.

Ein Roman ist ja nichts anderes als eine lange Geschichte, und der Leser hält an den Stellen den Atem an, wo die Schrauben fest angezogen sind. Deshalb ist es wichtig, den Text hier und da aufzulockern, um dem Leser Luft zum Atmen zu lassen. Das Gleichgewicht zwischen dem Ganzen und den Einzelheiten zu verbessern. Aus dieser Perspektive den Aufbau des Textes zu kontrollieren. Hin und wieder gibt es Kritiker, die sich einen Teil aus einem dicken Roman herauspicken und klagen, man dürfe nicht so »locker« schreiben, aber ich finde es nicht gerade fair, wenn man mir so etwas sagt. Denn auch im Roman braucht man – genau wie im richtigen Leben – ein gewisses Maß an Lockerheit. Erst dadurch zeigen die straff angezogenen Teile angemessene Wirkung.

Ungefähr um diese Zeit mache ich dann einen längeren Urlaub. Wenn es geht, lege ich das Manuskript ein halbes oder sogar ein ganzes Jahr in die Schublade und vergesse nach Möglichkeit seine Existenz. Oder bemühe mich, sie zu vergessen. In dieser Zeit reise ich oder arbeite an Übersetzungen. Bei einem umfangreichen Roman spielt die Zeit, in der ich schreibe, natürlich eine wichtige Rolle, aber die Zeit, in der ich nichts tue, ist von zweitwichtigster Bedeutung. Sie entspricht der Phase der »Ablagerung« bei gewissen Herstellungsprozessen in einer

Fabrik. Man lässt das Material »ruhen«. Nur so kann man es auslüften oder sich verfestigen lassen. Bei Romanen ist es dasselbe. Wenn man diesen Ablagerungsprozess nicht einhält, entsteht ein unfertiges Produkt.

Nachdem das Werk auf diese Weise geruht hat, führe ich nochmals eine ausführliche Überarbeitung einzelner Teile durch. Das nun abgelagerte Werk vermittelt mir einen erheblich anderen Eindruck als zuvor. Auch Fehler, die ich vorher nicht entdeckt hatte, treten deutlich hervor. Und erst jetzt, nachdem sich auch in meinem Kopf einiges gesetzt hat, kann ich entscheiden, ob es Tiefe und Intensität hat oder nicht.

Ist dieser Ablagerungsprozess abgeschlossen, überarbeite ich den Text in Maßen noch einmal. In dieser Phase hat die Meinung Dritter große Bedeutung. Als Erstes gebe ich den Text, sobald er eine gewisse Gestalt angenommen hat, meiner Frau zu lesen. Ihre Meinung ist für mich sozusagen wie der Kammerton in der Musik. Oder wie die alten Lautsprecher (ich bitte, den Vergleich zu entschuldigen), die wir zu Hause haben. Ich höre alle Arten von Musik über diese Lautsprecher. Sie gehören zu einer Anlage, die wir in den 1970er-Jahren gekauft haben, und sind nicht besonders hochwertig. Sie sind riesig, aber im Vergleich zu heutigen modernen Lautsprechern ist ihre Wiedergabeleistung ziemlich begrenzt. Man kann nicht sagen, dass sie ein hervorragendes Klangerlebnis bieten. Sie sind sozusagen eine Art Antiquität. Aber da ich bisher immer alles auf dieser Anlage gehört habe, sind die Klänge, die aus ihnen dringen, für mich zum Maß jeglicher Wiedergabe von Musik geworden. So sehr habe ich mich daran gewöhnt.

Einige finden es vielleicht ärgerlich, wenn ich sage, dass Verlagslektoren zwar Experten in ihrem Beruf, aber letzten Endes doch Angestellte sind und von ihrem jeweiligen Verlag irgendwann versetzt oder ersetzt werden können. Natürlich ist das eher die Ausnahme. Dennoch bekommen die meisten einen Autor zugeteilt, und man kann nicht voraussehen, wie lange diese Beziehung andauern wird. Meine Frau hingegen wird in guten wie in schlechten Zeiten meine erste Instanz bleiben. Sie stellt für mich einen »festen Beobachtungsposten« dar. Wer so viele Jahre zusammen ist wie wir, der kann in der Regel bis in kleinste Nuancen hinein verstehen, welche Konnotationen sich aus welchen Eindrücken speisen. (Mit »in der Regel« meine ich, dass es mir faktisch unmöglich ist, meine Frau zur Gänze zu verstehen.)

Das heißt jedoch nicht, dass ich das, was sie mir sagt, auch widerspruchslos hinnehmen kann. Obwohl ich mir beim Schreiben viel Zeit lasse und durch das Ablagern mehr oder weniger abgekühlt bin, steigt mir noch genügend Blut zu Kopf, wenn man mich kritisiert. Ich werde emotional, und mitunter kommt es zu heftigen Auseinandersetzungen. Einem Lektor könnte ich so harte Worte gar nicht ins Gesicht sagen, weshalb man diese Dinge wohl den Vorteilen einer Beziehung zurechnen kann. Im Alltag bin ich kein besonders emotionaler Mensch, aber in dieser Phase kann ich nicht anders, als meine Gefühle nach außen zu bringen.

Mitunter finde ich, dass ihre Kritik berechtigt ist, oder ziehe zumindest diese Möglichkeit in Betracht. Oft brauche ich einige Tage, um das zu verdauen. Manchmal wiederum weiß ich, dass ich im Recht bin. Diesen Prozess der Auseinandersetzung mit ihr habe ich mir zur festen Regel gemacht. Wenn es etwas zu bemängeln gibt, heißt das in jedem Fall, dass ich die Stelle überarbeiten sollte. Selbst wenn die Kritik mich nicht überzeugt, schreibe ich die von ihr ausgewiesene Stelle komplett um. In Fällen, in denen ich dem Hinweis nicht folgen kann, überarbeite ich sie in eine dem Vorschlag entgegengesetzte Richtung.

Ich merke jedoch, dass diese Stellen, wenn ich mich auf sie einlasse, sie umschreibe und später wieder lese, tendenziell besser sind als vorher. Anscheinend kommt es häufig vor, dass die vom Leser aufgezeigte Stolperstelle, ganz gleich, in welche Richtung der Hinweis geht, *irgendein* Problem beinhaltet. Das heißt, der Erzählfluss ist an dieser Stelle mehr oder weniger *blockiert*. Und meine Aufgabe ist es, dieses Hindernis zu beseitigen. Wie ich das tue, kann ich ja selbst entscheiden. Ach, das ist doch perfekt, denke ich zwar manchmal, das brauche ich doch nicht umzuschreiben. Dennoch setze ich mich ohne Murren an den Schreibtisch und überarbeite die Stelle. Aus irgendeinem Grund ist es nämlich tatsächlich unmöglich, einen »perfekten« Satz zu schreiben.

In dieser Phase der Überarbeitung muss ich nicht alles vollständig abdecken. Ich konzentriere mich nur auf die problematischen Stellen und jene, die bemängelt wurden. Dann gebe ich sie meiner Frau nochmals zu lesen, diskutiere sie mit ihr und überarbeite sie nötigenfalls erneut. Das Ergebnis lasse ich sie wieder lesen, und falls sie noch immer unzufrieden ist, schreibe ich es abermals um. Sobald alles einigermaßen in Ordnung ist, gehe ich das Manuskript noch einmal durch, um mich zu vergewissern, ob der Text als Ganzes fließt und funktioniert. Sollte durch die viele Bastelei die Gesamtkomposition aus dem Takt geraten sein, korrigiere ich auch das. Erst dann bekommt der Lektor den Text offiziell und zum ersten Mal zu lesen. Jetzt kann ich seiner Reaktion cool und gefasst begegnen, weil inzwischen das Feuer in meinem Kopf mehr oder weniger erloschen ist.

Einmal passierte etwas Interessantes. Ende der 1980er-Jahre schrieb ich den Roman *Tanz mit dem Schafsmann*. Dabei verwendete ich zum ersten Mal einen sogenannten Wapuro, einen einfachen Textcomputer, in meinem Fall ein tragbares Gerät von Fuji. Das meiste schrieb ich in unserem Apartment in Rom, den letzten Teil aber nach dem Umzug nach London. Ich speicherte also das Manuskript auf einer Diskette und zog damit nach London um. Als ich sie in London ganz entspannt öffnete, war der Text komplett verschwunden. Ich war damals noch nicht so versiert im Umgang mit dem Wapuro und hatte einen Bedienfehler gemacht. So etwas kam häufig vor. Natürlich war ich völlig am Ende. Es war ein richtiger Schock. Und es hatte sich um ein langes Kapitel gehandelt, auf das ich mir viel eingebildet hatte. Ich konnte nicht einfach resignieren und sagen: »So was passiert eben.«

Aber ich konnte auch nicht ewig fassungslos vor mich hin seufzen. Also rappelte ich mich auf und schrieb den Text, den ich mir mehrere Wochen zuvor abgerungen hatte, aus dem Gedächtnis neu. Und irgendwie gelang es mir, ihn wieder auferstehen zu lassen. Nun tauchte aber, nachdem das Buch bereits erschienen war, der ursprüngliche, abhandengekommene Text unerwartet wieder auf. Er war nur in einen falschen Ordner gerutscht. Auch das passierte häufig. »Was soll ich machen, wenn diese Version jetzt besser ist?«, fragte ich mich beunruhigt. Doch als ich die alte Fassung noch einmal durchlas, stellte ich fest, dass die neue eindeutig die bessere war.

Was ich damit sagen will, ist, dass es an jedem Text immer und unbedingt etwas zu verbessern gibt. Auch wenn man selbst etwas für gelungen oder gar perfekt hält, gibt es immer noch Möglichkeiten. Daher bemühe ich mich, in der Überarbeitungsphase möglichst allem Stolz und aller Selbstzufriedenheit zu entsagen und das Feuer in meinem Kopf zumindest einigermaßen klein zu halten. Allerdings muss man aufpassen, dass es nicht zu sehr auskühlt, weil die Überarbeitung sonst nicht gelingt. Man muss eine Haltung einnehmen, in der man Kritik von außen ertragen kann. Auch unerfreuliche Bemerkungen sollte man möglichst geduldig schlucken. Nach der Veröffentlichung kann man der Kritik ruhig aus dem Weg gehen. Man richtet sich zugrunde, wenn man sich jede einzelne zu Herzen nimmt. (Glauben Sie mir.) Aber während des Schreibens sollte man Kritik und Vorschläge aus dem Umfeld möglichst vorbehaltlos und bescheiden annehmen. Das ist seit jeher meine Meinung.

Ich arbeite nun schon sehr lange als Romanschriftsteller, und wenn ich ehrlich bin, passten einige der für mich zuständigen Lektoren nicht ganz so gut zu mir. Menschlich gab es an ihnen nichts auszusetzen, und für andere Autoren waren sie sicher gut geeignet, aber als Lektoren für meine Werke eben nicht. Häufig verwunderten mich die von ihnen geäußerten Ansichten, und mitunter gingen sie mir damit (ehrlich gesagt) richtig auf die Nerven. Es kam zu Unstimmigkeiten, aber da wir zusammen arbeiteten, mussten wir eben miteinander auskommen.

Ich hatte also einen Roman verfasst und arbeitete in einer Phase des Lektorats alle Stellen um, auf die mich der nicht ganz so gut zu mir passende Lektor hingewiesen hatte. Allerdings schrieb ich über die Hälfte der von ihm angekreideten Stellen so um, dass sie seinen Vorschlägen zuwiderliefen. Zum Beispiel kürzte ich Passagen, von denen er fand, dass sie länger sein sollten, und streckte solche, die er gekürzt haben wollte. Im Nachhinein betrachtet war das ziemlich grob, und dennoch zeigte die Überarbeitung ein gutes Ergebnis. Ich fand, das Werk habe dadurch gewonnen. Es klingt paradox, aber dieser Lektor erwies sich für mich als besonders hilfreich. Zumindest half er mir weit mehr als andere, die nur Süßholz raspelten.

Das Wichtige ist nämlich der Vorgang des Umschreibens *an sich*. Dass ein Autor sich entschlossen und mit der Absicht »Das werde ich besser machen« an seinen Schreibtisch setzt und Hand an den Text legt, ist wichtiger als alles andere. Verglichen damit ist die Frage, in welche Richtung er sich bei der Überarbeitung orientiert, eher sekundär. In den meisten Fällen werden der Instinkt und die Intuition des Autors, die sich aus dieser Entscheidung ergeben, größere Wirkung zeigen als das, was aus der Logik kommt. Es ist, als schlüge man mit einem Stock ins Gebüsch, um die Vögel, die sich darin verbergen, aufflattern zu lassen. Was für einen Stock man dazu nimmt und auf welche Weise man schlägt, macht im Ergebnis keinen großen Unterschied. Es genügt, dass die Vögel auffliegen. Die Dynamik ihrer Bewegung bringt den Blickwinkel, der sich in eine Richtung zu verfestigen sucht, ins Wanken. So sehe ich das, auch wenn das eine ziemlich grobe Ansicht sein mag.

Jedenfalls sollte man für die Überarbeitung möglichst viel Zeit einplanen, Ratschlägen aus seinem Umfeld Gehör schenken (ob sie einen nun ärgern oder nicht), sie sich durch den Kopf gehen lassen und bei der Überarbeitung beherzigen. Fast allen Autoren, die einen Roman beendet haben, steigt das Blut in den Kopf, ihre Hirnmasse überhitzt, und sie verlieren den Verstand. Warum das so ist? Zum großen Teil liegt es sicher daran, dass von vorneherein ausgeglichene Menschen sowieso keine Romane schreiben. Das Durchdrehen an sich ist kein besonderes Problem, aber man muss sich bis zu einem gewissen Grad vorbeugend dessen bewusst sein, dass man nicht ganz bei Trost ist. Und für so jemanden ist die Meinung von Menschen mit kühlem Verstand von großer Wichtigkeit.

Natürlich darf man nicht alles schlucken, was andere sagen. Es gibt immer fehlgeleitete und unbrauchbare Ansichten. Doch gleichwie haben sie, wenn sie vernünftig sind, gewiss *irgendeine* Bedeutung – und wenn sie nur dazu führen, Ihren Kopf nach und nach auf eine angemessene Temperatur herunterzukühlen. Die Ansichten dieser Menschen entsprechen nämlich jenen der Öffentlichkeit, und letzten Endes ist es die Öffentlichkeit, die Ihr Buch liest. Wenn Sie versuchen, die Öffentlichkeit zu ignorieren, wird die Öffentlichkeit Sie vermutlich ihrerseits ignorieren. Wenn Sie natürlich sagen, dass Ihnen das egal ist, spielt es für mich auch keine Rolle. Sind Sie jedoch ein Autor, der eine einigermaßen vernünftige Beziehung zu seinem Publikum aufrechterhalten möchte (das ist sicher bei den meisten so), sollten Sie sich einen oder zwei feste Geister in Ihrem Umfeld sichern, die Ihre Werke lesen. Selbstverständlich muss es sich dabei um Personen handeln, die ihre Eindrücke offen und ehrlich äußern. Selbst wenn Sie auf jede Art von Kritik gereizt reagieren.

Wie oft soll man überarbeiten? Eine genaue Zahl kann ich nicht nennen. Ich selbst überarbeite ein Manuskript in verschiedenen Stadien nahezu zahllose Male, und auch die Fahnen lasse ich mir so oft geben, dass es den Mitarbeitern im Verlag schon zum Hals heraushängt. Ich korrigiere, bis die Fahnen schwarz sind, schicke sie zurück und korrigiere die neuen wieder, bis sie schwarz sind. Wie gesagt, ein Roman erfordert Ausdauer, aber mir bereiten diese Dinge keine große Mühe. Ich mag von Natur aus das Fein-mechanische daran, den gleichen Satz immer wieder zu lesen, zu prüfen, wie er klingt, die Reihenfolge der Wörter umzustellen und kleine stilistische Änderungen vorzunehmen. Es bereitet mir große Freude zu sehen, wie bei der Fahnenkorrektur die zehn auf meinem Schreibtisch aufgereihten HB-Bleistifte immer kürzer werden. Warum, weiß ich nicht, aber es macht mir eben Spaß. Ich könnte das endlos tun, ohne es sattzubekommen.

Auch der von mir hochgeschätzte Raymond Carver war ein Mensch, der diese Detailarbeit liebte. In diesem Zusammen-hang zitiert er einen anderen Autor: »Er wisse, dass er mit einer Short Story fertig sei, wenn er sich dabei erwische, dass er sie durchgehe und Kommas rausnehme, die Geschichte dann aber-mals durchgehe und die Kommas an den gleichen Stellen wie-der einsetze.« Dieses Gefühl kenne ich sehr gut. Denn diese Er-fahrung habe ich viele Male selbst gemacht. Natürlich hat das auch Grenzen. Es gibt eine feine Linie, an der man den Text ver-dirbt, wenn man sie überschreitet. Das Beispiel mit dem Strei-chen und Setzen von Kommas veranschaulicht diesen Punkt sehr gut.

So also schreibe ich meine Romane, und manchen Menschen gefallen sie, anderen gefallen sie nicht. Ich selbst bin nie mit den Werken zufrieden, die ich in der Vergangenheit geschrieben habe, und bisweilen überfällt mich das schmerzliche Gefühl, dass ich sie jetzt besser schreiben könnte. Und weil mir beim Wiederlesen auch hier und da Fehler ins Auge springen, vermei-de ich es, meine eigenen Bücher zur Hand zu nehmen, sofern dazu keine besondere Notwendigkeit besteht.

Im Grunde ist mir jedoch klar, dass ich es, als ich sie schrieb, eben nicht besser konnte. Denn ich weiß, dass ich *damals* meine ganze Kraft einsetzte. Mir so viel Zeit zum Schreiben nahm, wie ich brauchte, vorbehaltlos alle Energie hineinsteckte, die ich hatte, um ein Buch zu beenden. Ich führte gewissermaßen einen Krieg mit allen mir zu Gebote stehenden Mitteln. Dieser absolute Einsatz, die Bereitschaft, alles zu geben, ist mir bis heute geblieben. Zumindest Romane schreibe ich nie auf Auftrag, und ich lasse mich auch nie auf feste Abgabetermine ein. Ich schreibe, was ich schreiben will, wann ich es schreiben will und wie ich es will. In diesem Punkt verfüge ich über genügend Selbstbewusstsein, um mich zu behaupten. So habe ich später nichts zu bereuen und muss nicht denken: Ach, hätte ich es an der und der Stelle doch nur so oder so gemacht.

Ein sehr wichtiger Faktor beim Schreiben ist die Zeit, die besonders bei Romanen auch die Vorbereitung einschließt. Man braucht eine »Zeit der Stille«, in der man den Keim des Romans, der am Ende herauskommen soll, in sich heranzieht und wachsen lässt, in der man den Willen, einen Roman zu schreiben, in sich aufbaut. Ein Autor braucht also Zeit für diese Vorbereitung, Zeit für die konkrete Umsetzung, Zeit, um das Entstandene an einem kühlen, dunklen Ort »einzulagern«, es wieder hervorzuholen und im natürlichen Licht zu bleichen, Zeit, um das Ergebnis genau zu prüfen, Zeit für die Feinmechanik … Ob er sich für jeden dieser Vorgänge ausreichend Zeit genommen hat, kann nur der Autor selbst entscheiden. Jedenfalls wird sich die Zeit, die er sich für die einzelnen Arbeiten nimmt, unbedingt in der »Überzeugungskraft« seines Werkes niederschlagen. Diese Zeit mag unsichtbar sein, aber aus ihr ergibt sich der unverkennbare Unterschied.

Dieser Unterschied gleicht – um ein Beispiel aus dem japanischen Alltag anzuführen – dem zwischen dem heißen Wasser einer Thermalquelle, eines *Onsen*, und dem heißen Wasser im Familienbad zu Hause. Steigt man in ein *Onsen*, ist man bald so bis ins Innerste des Körpers durchwärmt, dass man auch nach dem Heraussteigen noch warm bleibt. Die Wärme des Wassers in der heimischen Badewanne jedoch dringt nicht so tief ein, und man kühlt wieder aus, sobald man das Bad verlässt. Alle Japaner haben dieses *Onsen*-Gefühl schon einmal erlebt, doch ist es nicht ganz leicht, es Menschen zu beschreiben, die noch nie in ihrem Leben in einem *Onsen* waren.

In der Literatur und Musik scheint es einen ähnlichen Unterschied zu geben. Auch wenn im *Onsen* und im heimischen Bad dieselbe Temperatur herrscht, spürt man tatsächlich einen Unterschied auf der Haut. Allerdings ist es schwierig, diese subtile Art der Wahrnehmung in Worte zu fassen. »Ja, also, es kommt ganz allmählich. Ich kann es nicht richtig beschreiben.« Oder: »Obwohl die Temperatur dieselbe ist, fühlt sie sich anders an. Ob ich mir das nur einbilde?« Mehr können die meisten Leute, die wie ich wissenschaftliche Laien sind, dazu nicht sagen.

So kann ich mir, wenn eines meiner Werke bei seinem Erscheinen scharf – schärfer als erwartet – kritisiert wird, denken: Da kann man eben nichts machen. Denn ich habe tatsächlich das Gefühl, alles getan zu haben, was ich tun konnte. Ich habe mir die Zeit für die Vorbereitung genommen, die Zeit, es ruhen zu lassen, die Zeit für die Feinarbeit. Deshalb breche ich bei einem Verriss nicht gleich zusammen und verliere auch nicht mein Selbstbewusstsein. Natürlich ärgere ich mich manchmal, aber das hat nichts zu bedeuten. Denn ich glaube, die Zeit bestätigt, was durch Zeit gewonnen wurde. Und manches kann nur die Zeit weisen. Ohne diese Gewissheit würde ich, auch wenn ich noch so abgebrüht wäre, wahrscheinlich in Depressionen verfallen. Aber solange ich das sichere Gefühl habe, mein Möglichstes getan zu haben, gibt es eigentlich nichts zu befürchten. Alles andere kann man getrost in die Hände der Zeit legen. Die Zeit zu seiner Verbündeten zu machen bedeutet, respekt- und liebevoll, aufrichtig und anständig mit ihr umzugehen. So wie mit einer Frau.

In seinem bereits erwähnten Essay schreibt Raymond Carver:

Es wäre besser geworden, wenn ich mir mehr Zeit genommen hätte. Ich war sprachlos, als ein befreundeter Schriftsteller mir das sagte. Ich bin es noch immer, wenn ich daran denke. […] Aber wenn der Text nicht so gut geschrieben werden kann, wie es uns gegeben ist, ihn zu schreiben, warum dann überhaupt schreiben? Die Genugtuung, unser Bestes gegeben zu haben, und der Beweis unserer Mühe sind am Ende das Einzige, was wir mit ins Grab nehmen können. Ich wollte meinem Freund sagen: Dann mach doch um Himmels willen etwas anderes. Es muss doch leichtere und vielleicht ehrbarere Möglichkeiten geben, wie du dir den Lebensunterhalt verdienen kannst. Oder aber mach deine Arbeit so gut, wie es deine Fähigkeiten, deine Begabungen erlauben, und dann rechtfertige dich nicht und entschuldige dich nicht. Beklage dich nicht, erkläre nichts.

Der für gewöhnlich gutmütige Carver schlägt hier einen ungewohnt scharfen Ton an, aber ich stimme mit dem, was er sagen will, voll und ganz überein. Ich weiß nicht, wie es heute ist, aber früher gab es offenbar gar nicht so wenige Autoren, die damit prahlten, nur schreiben zu können, wenn ihnen eine Deadline im Nacken saß. In der Tat schrieben sie »literarisch« oder, vielleicht besser gesagt, stilistisch elegant; aber so ruhelos und unter solchem Zeitdruck zu schreiben, ist auf Dauer unmöglich. Auch wenn man in der Jugend mit dieser Methode ausgezeichnete Ergebnisse erzielt, habe ich doch den Eindruck, dass der Stil auf längere Sicht seltsam fadenscheinig wird.

Es ist eine meiner Lieblingsthesen, dass man die Zeit, um sie sich zur Verbündeten zu machen, weitestgehend seinem Willen unterwerfen muss und sich nicht von ihr kontrollieren lassen darf. Das wäre zu passiv. Es gibt die Redensart: »Zeit und Gezeiten warten nicht auf uns.« Aber wenn man selbst nicht die Absicht hat, auf andere zu warten, muss man seinen eigenen Zeitplan entschieden und gezielt bestimmen. Also von sich aus aktiv werden, statt passiv abzuwarten.

Ob die Bücher, die ich geschrieben habe, gut sind, und wenn ja, wie gut, das weiß ich nicht. Außerdem sollte man über solche Dinge nicht selbst spekulieren. Darüber ein Urteil zu fällen bleibt dem Leser überlassen. Die Zeit tut dann ihr Übriges, um den Wert eines Werkes zu klären. Sein Autor kann das nur stumm hinnehmen. Im Moment kann ich nicht mehr sagen, als dass ich mir zum Schreiben vorbehaltlos die Zeit genommen habe, die ich brauchte, und mich, um Carvers Worte zu gebrauchen, bemüht habe, so gut zu schreiben, wie es meine Fähigkeiten und meine Begabung zuließen. Keines meiner Werke wäre besser geworden, wenn ich mir mehr Zeit genommen hätte. Wenn etwas nicht gelungen ist, reichten zu dem Zeitpunkt, als ich es schrieb, meine Fähigkeiten als Autor noch nicht aus – das ist alles. So bedauerlich so etwas ist, ist es jedoch nichts, wofür man sich schämen müsste. Fähigkeiten kann man ausbauen, indem man sich anstrengt. Doch verpasste Gelegenheiten lassen sich nicht zurückholen.

Dieses System, das es mir ermöglicht, auf meine Weise zu schreiben, habe ich über lange Jahre hinweg entwickelt, es gründlich und aufmerksam bearbeitet und sorgfältig gewartet. Es von Schmutz gereinigt, geölt und aufgepasst, dass es nicht rostet. Und ich bin in aller Bescheidenheit stolz darauf. Offenbar bereitet es mir mehr Vergnügen, über dieses System zu sprechen als über die Einschätzung und den Erfolg meiner einzelnen Werke. Konkret lohnt es sich, davon zu erzählen.

Sollten meine Bücher ihren Lesern auch nur ansatzweise so unter die Haut gehen wie die innige Wärme des *Onsen*-Wassers, wäre ich sehr glücklich. Denn ich selbst habe auf der Suche nach diesem authentischen Erleben viele Bücher gelesen und viele Musikstücke gehört.

Lassen Sie uns vor allem an die eigene Wahrnehmung glauben. Weder für den Schriftsteller noch für den Leser gibt es etwas, das sie übertreffen könnte. Was andere sagen, spielt keine große Rolle.

7 EINE SEHR PERSÖNLICHE KÖRPERLICHE BETÄTIGUNG

Schreiben ist eine äußerst persönliche Tätigkeit, die hinter verschlossenen Türen stattfindet. Man zieht sich allein in sein Arbeitszimmer zurück, erfindet (meist) an seinem Schreibtisch aus dem Nichts eine Geschichte und gibt ihr die Form eines literarischen Texts. Formlose subjektive Ereignisse in objektive Gegenstände verwandeln – das ist, vereinfacht ausgedrückt, die Beschäftigung, der ein Schriftsteller tagtäglich nachgeht.

Wobei manche vielleicht nicht einmal den Luxus eines Arbeitszimmers haben. Auch ich hatte, als ich mit dem Schreiben anfing, kein Büro. Ich saß am Küchentisch in unserer kleinen Mietwohnung (das Haus wurde mittlerweile abgerissen) in der Nähe vom Hatonomori-Hachiman-Schrein in Sendagaya und ließ meinen Stift, nachdem meine Frau zu Bett gegangen war, tief in der Nacht über mein 400-Zeichen-Manuskriptpapier gleiten. So verfasste ich meine beiden ersten Romane, *Wenn der Wind singt* und *Pinball, 1973* – meine »Küchentisch-Romane«, wie ich sie nenne.

Die ersten Teile von *Naokos Lächeln* schrieb ich an den Tischlein griechischer Cafés, auf Fähren, in Wartehallen, auf Flughäfen, im Schatten von Parks und an den Schreibtischen einfacher Hotels. Da ich nicht packenweise 400-Zeichen-Papier mit mir herumtragen konnte, kritzelte ich kleine Zeichen mit einem BIC-Kugelschreiber in billige Schreibhefte aus einem Papiergeschäft in Rom. Auf den Plätzen um mich herum lärmten die Menschen, ich konnte nicht richtig schreiben, weil der Tisch wackelte, verschüttete Kaffee auf mein Heft und arbeitete meinen Text nachts im Hotel sorgfältig durch, während das Stöhnen eines Paares im Nebenzimmer immer lauter durch die dünnen Wände drang. Ja, es gab alle möglichen Misshelligkeiten. Jetzt erscheinen sie mir als lustige Episoden, aber damals war ich ziemlich entmutigt. Weil wir uns zu keinem festen Wohnsitz entschließen konnten, zogen wir durch Europa, während ich weiter an meinem Roman schrieb. Das dicke, mit Kaffee- und anderen, undefinierbaren Flecken übersäte Heft habe ich noch heute.

Jeder Ort, wo er auch sein mag, kann zum stillen Kämmerlein oder mobilen Büro werden, wenn man einen Roman schreiben will. Mehr wollte ich damit gar nicht sagen.

Ursprünglich wird niemand darum gebeten, einen Roman zu schreiben. Jemand verspürt einen starken Drang und die innere Kraft, es zu tun, und macht sich voll Mühe und Ausdauer an die Arbeit.

Natürlich kann man später den Auftrag erhalten, einen Roman zu schreiben. Bei Berufsschriftstellern ist das wohl sogar meistens so. Ich selbst habe es mir im Lauf der Jahre zum Grundsatz gemacht, meine Romane nicht auf Bestellung zu schreiben, aber damit bin ich, man kann es nicht anders sagen, wahrscheinlich eine Ausnahme. Die meisten Schriftsteller erhalten von ihrem Verleger Aufträge, Kurzgeschichten für Zeitschriften zu schreiben oder längere Texte für den Verlag. So fängt es an. In solchen Fällen gibt es einen fest vereinbarten Abgabetermin, und man erhält einen entsprechenden Vorschuss.

Das ändert jedoch nichts an der Voraussetzung, dass ein Schriftsteller, einem inneren Impuls folgend, aus sich heraus schreibt. Vielleicht gibt es auch Menschen, die ohne den äußeren Druck von Aufträgen und Abgabeterminen nicht anfangen können zu schreiben. Aber wenn nicht von vorneherein ein innerer Impuls besteht, hilft auch kein wie auch immer gearteter Druck, kein Geld, kein Weinen, kein Flehen – die Person kann keinen Roman schreiben. Selbstverständlich nicht.

Was auch immer der Anlass ist, Schriftsteller sind allein, wenn sie anfangen zu schreiben. Niemand hilft ihm oder ihr. Manchmal übernimmt vielleicht jemand die Recherche, doch diesen Helfern kommt lediglich die Aufgabe zu, Material zusammenzustellen. Niemand ordnet, was in ihrem oder seinem Kopf ist, und niemand findet die passenden Worte für sie oder ihn. Was auch immer man anfängt, man muss es selbst in Gang und selbst zu Ende bringen. Man kann nicht, wie es die Pitcher beim Profi-Baseball in letzter Zeit tun, nach sieben Würfen an den Relief Pitcher übergeben und sich in aller Ruhe auf der Bank den Schweiß abwischen. Für Schriftsteller gibt es keine Reservespieler, die sich bereits im Bullpen aufwärmen. Deshalb bleibt ihnen nichts weiter übrig, als auch bei einer Verlängerung auf fünfzehn, auf achtzehn Runden ganz allein zu werfen, bis das Spiel zu Ende ist.

Ich beispielsweise schließe mich, um einen längeren Roman zu schreiben, ein Jahr lang (manchmal sind es auch zwei oder drei Jahre) in meinem Arbeitszimmer ein, sitze an meinem Schreibtisch und arbeite unablässig an meinem Manuskript. Ich stehe frühmorgens auf und schreibe zwischen fünf und sechs Stunden lang konzentriert. Arbeite ich länger, überhitzt mein Gehirn (manchmal wird meine Kopfhaut buchstäblich heiß), und ich werde benommen. Deshalb schlafe ich nachmittags, höre Musik und lese leichte Literatur. Da es mir bei dieser Lebensweise definitiv an Bewegung fehlt, treibe ich täglich ungefähr eine Stunde lang Sport. Am nächsten Morgen bin ich dann wieder bereit zur Arbeit. Das wiederholt sich unweigerlich Tag für Tag.

Eine »einsame Tätigkeit« nennt man das gemeinhin, aber einen Roman zu schreiben – insbesondere, wenn es ein langer ist – ist eben eine sehr zurückgezogene Beschäftigung. Mitunter habe ich das Gefühl, ganz allein auf dem Grund eines tiefen Brunnens zu sitzen. Niemand hilft mir, niemand klopft mir auf die Schulter, niemand lobt mich: »Das hast du heute aber gut gemacht!« Dass das daraus entstandene Werk gelobt wird, kommt natürlich vor, wenn alles gut geht, aber die Tätigkeit des Schreibens an sich wird nicht gewürdigt. Das ist eine Last, die der Autor schweigend und allein schultern muss.

Sogar ich selbst finde, dass ich, was diese Tätigkeit angeht, ein ausdauernder Charakter bin, aber dennoch kommt es vor, dass ich sie mitunter sattbekomme und ihrer überdrüssig werde. Aber wenn ich jeden Tag wie ein Maurer Stein auf Stein lege, stellt sich irgendwann bei diesem unermüdlichen Aneinanderfügen das Gefühl ein, wahrhaftig Schriftsteller zu sein. Dieses Gefühl akzeptiere ich als etwas Erfreuliches, das gefeiert werden sollte. Die amerikanischen Antialkoholiker haben das Motto »*One day at a time*«. Und genau so ist es. Um nicht aus dem Rhythmus zu geraten, muss man nur einen Tag nach dem anderen gleichmäßig abspulen und hinter sich bringen. Und wenn man ruhig weitermacht, passiert irgendwann »etwas« in einem. Allerdings kann bis dahin viel Zeit vergehen. Aber auf diesen Moment müssen Sie geduldig warten. Von einem Tag zum nächsten. Zwei oder drei Tage in einem zu bewältigen funktioniert nicht.

Was braucht man, um eine solche Tätigkeit über längere Zeit fortzuführen?

Selbstverständlich Durchhaltevermögen.

Schriftsteller kann nur werden, wer drei Tage lang konzentriert am Schreibtisch verbringen kann. Es gibt sicherlich Leute, die sagen, in drei Tagen könne man doch eine Kurzgeschichte schreiben. Das stimmt auch. Eine Kurzgeschichte in drei Tagen, kein Problem. Aber das ist nicht das Gleiche, wie in drei Tagen eine Kurzgeschichte zu verfassen, das Bewusstsein wieder auf *null* zu schalten, in den nächsten drei Tagen eine neue Kurzgeschichte zu schreiben und immer so weiter. Eine so abgehackte Tätigkeit hält wohl niemand auf Dauer aus. Selbst Schriftsteller, deren Spezialität Kurzgeschichten sind, müssen eine gewisse Kontinuität aufrechterhalten, um leben zu können. Um sich über einen längeren Zeitraum fortlaufend literarisch zu betätigen, braucht man unbedingt ein Durchhaltevermögen, das kontinuierliche Arbeit ermöglicht, ob man nun Autor von Kurzgeschichten oder von Romanen ist.

Und was muss man tun, um sich dieses Durchhaltevermögen anzueignen?

Darauf habe ich nur eine sehr einfache Antwort: körperliche Kraft erwerben. Sich eine robuste Konstitution aneignen. Sich den eigenen Körper zum Verbündeten machen.

Natürlich ist dies letztlich nicht mehr als meine persönliche, auf eigener Erfahrung basierende Meinung. Sicher gibt es abweichende Ansichten, aber die hören Sie bitte aus dem Mund anderer Leute. Ich spreche hier als Individuum und nur für mich. Ob das, was ich sage, eine gewisse Allgemeingültigkeit besitzt, müssen Sie selbst entscheiden.

Die meisten Menschen scheinen zu glauben, dass körperliche Kraft für einen Schriftsteller keine Rolle spielt, da seine Arbeit ja vor allem darin besteht, am Schreibtisch zu sitzen. Hauptsache, er hat genügend Kraft in den Fingern, um die Tasten eines Computers zu bedienen (oder einen Stift zu halten). In der Öffentlichkeit hält sich hartnäckig der Glaube, Schriftsteller seien ohnehin ungesunde, antisoziale und unkonventionelle Existenzen und deshalb nicht für eine gesunde Lebensweise oder Fitnessmaßnahmen zu gewinnen. Diese Perspektive ist bis zu einem gewissen Grad nachvollziehbar, und es ist nicht leicht, gegen dieses stereotype Image anzugehen.

Aber wer einmal einen Selbstversuch macht, wird verstehen, worum es geht. Um jeden Tag fünf oder sechs Stunden lang allein vor dem Computer zu sitzen (oder auf einer Mandarinenkiste vor 400-Zeichen-Papier, was es auch nicht einfacher macht), sich zu konzentrieren und kontinuierlich an einer Geschichte zu arbeiten, braucht man mehr als gewöhnliche Körperkraft. In der Jugend ist es vielleicht gar nicht mal so schwer. Mit zwanzig oder dreißig ist der Körper voller Vitalität, und man hat keine Hemmungen, ihn auszubeuten. Auch die nötige Konzentration lässt sich vergleichsweise leicht aufbringen und auf hohem Niveau halten. Jung zu sein ist wirklich etwas Wunderbares (aber selbst wenn ich es gern noch einmal wäre, fände ich es doch auch ziemlich anstrengend). Leider schwindet die körperliche Kraft jedoch gemeinhin im mittleren Alter, Elastizität und Ausdauer lassen nach. Die Muskeln schwinden, man setzt Fett an. Dass Muskeln ebenso leicht verschwinden, wie Fett entsteht, ist eine tragische physische Tatsache. Und so wird konstantes künstliches Bemühen erforderlich, um diesen Niedergang zu kompensieren und unsere Körperkraft zu erhalten.

Und mit unserer schwindenden Körperkraft lässt (ebenfalls allgemein gesprochen) ganz allmählich auch unsere Fähigkeit zu denken nach. Wir büßen an Scharfsinn und geistiger Flexibilität ein. »Wenn ein Autor Fett ansetzt, ist er am Ende«, habe ich einmal in einem Interview zu einem jüngeren Autor gesagt. Das ist vielleicht extrem ausgedrückt, und es gibt natürlich Ausnahmen, aber ich glaube, im Großen und Ganzen lässt sich das so sagen. Es kann Fett im physischen oder im übertragenen Sinn sein. Die meisten Schriftsteller machen diesen natürlichen Verfall durch eine verbesserte Stilistik und ein gereiftes Bewusstsein wett, aber auch hier stößt man an Grenzen.

Neueren Forschungen zufolge vermehrt sich die Zahl der Neuronen im Hippocampus des Gehirns durch die Ausübung von Aerobic rapide. Wie Schwimmen und Laufen zählt Aerobic zu den Bewegungsarten, die sich dazu eignen, über längere Zeit hinweg praktiziert zu werden. Aber auch die neu entstandenen Neuronen verschwinden nach achtundzwanzigstündiger Untätigkeit wieder. Eigentlich sind sie nutzlos. Gibt man ihnen jedoch einen intellektuellen Anreiz, werden sie aktiv, bilden neue Verbindungen zwischen Nervenzellen und tragen zum Erwerb neuer Gedächtnisinhalte bei. Sie erweitern das Netzwerk im

Gehirn. Im Ergebnis fällt es dadurch leichter, sein Denken veränderten Gegebenheiten anzupassen und damit ungewöhnlichen Kreativitätsschüben Spielraum zu geben. Komplexere Gedanken und kühnere Ideen werden möglich. Eine Kombination aus täglicher körperlicher Bewegung und geistiger Betätigung übt einen idealen Einfluss auf die Art von schöpferischer Kraft aus, die ein Autor einsetzt.

Ich laufe, seit ich hauptberuflich Schriftsteller bin, genauer gesagt, seit *Wilde Schafsjagd*. Seitdem habe ich es mir zur Gewohnheit gemacht, so gut wie jeden Tag eine Stunde zu laufen oder zu schwimmen. Vielleicht bin ich deshalb körperlich so robust und musste in der ganzen Zeit nie aussetzen. Ich habe sie ohne größere Minderung meiner körperlichen Verfassung überstanden und litt nie unter Schmerzen in Beinen und Hüften. (Nur ein Mal habe ich mir beim Squash einen Muskel gezerrt.) Einmal im Jahr laufe ich einen Marathon, und ich habe schon an mehreren Triathlons teilgenommen.

Mitunter zeigt sich jemand beeindruckt und attestiert mir einen starken Willen, weil ich jeden Tag laufe. Dazu kann ich nur eines sagen: Ein Angestellter, der jeden Tag mit einem Pendlerzug in seine Firma fährt, leistet körperlich wesentlich mehr. Im Vergleich zu einer Stunde in einer vollgestopften Bahn im Berufsverkehr bedeutet eine Stunde im Freien zu laufen, wann immer es einem passt, doch gar nichts. Dafür braucht man keine besondere Willenskraft. Ich laufe gern und führe nur gewohnheitsmäßig etwas fort, das mir liegt. Kein noch so starker Wille wird jemanden dazu bringen, dreißig Jahre lang an etwas festzuhalten, das ihm nicht liegt.

Indem ich mir dieses Leben aufbaute, steigerte ich nach und nach meine Fähigkeiten als Autor, immer in dem Gefühl, dass meine schöpferische Kraft zuverlässiger und stabiler wurde. Ich kann es nicht mit objektiven Daten belegen, aber ich spürte ihre natürliche Resonanz und wahrhaftige Präsenz in mir.

Doch wenn ich das erkläre, geht kaum jemand in meinem Umfeld darauf ein. Eher werde ich noch verspottet. Bis vor etwa zehn Jahren verstand so gut wie niemand, wovon ich überhaupt redete. »Wer jeden Morgen läuft, wird zu gesund und kann keine richtige Literatur schreiben« und Ähnliches bekam ich von allen Seiten zu hören. In Literaturkreisen gibt es seit jeher die Tendenz, sich von oben herab über sportliche Betätigung lustig zu machen. Viele Leute assoziieren »Fitness« mit muskelbepackten Machos, aber täglich Sport zu treiben, um gesund zu bleiben, ist schließlich etwas völlig anderes als Bodybuilding an Geräten.

Ich frage mich schon lange, welche Bedeutung das tägliche Laufen für mich darüber hinaus haben könnte. Natürlich bleibt man körperlich fit. Das Körpergewicht ist unter Kontrolle, man wird nicht dick und bildet eine ausgewogene Muskulatur aus. Dennoch habe ich immer das Gefühl, das sei es nicht allein. Dass noch etwas Bedeutsameres dahinterstecken müsse. Doch was das sein könnte, weiß ich selbst nicht genau, und was ich selbst nicht genau weiß, kann ich anderen auch nicht erklären.

Vorläufig kann ich ja auch einfach weitermachen, ohne zu verstehen, warum ich diese Gewohnheit so hartnäckig beibehalten habe. Dreißig Jahre sind eine lange Zeit. Es kostet schon einige Mühe, etwas über diesen Zeitraum aufrechtzuerhalten. Warum habe ich das geschafft? Vielleicht weil die Tätigkeit des Laufens den Inhalt einiger Dinge, die ich in meinem Leben tun muss, konkret und knapp versinnbildlicht? Oft hatte ich diese vage, aber starke Wahrnehmung (oder Empfindung). Wenn ich also an einem Tag keine besondere Lust hatte zu laufen, sagte ich mir, dass es um etwas gehe, das ich *unbedingt* für mein Leben tun müsse, und meist trabte ich dann ohne Murren los. Diese Worte sind noch immer wie ein Mantra für mich: »Etwas, das ich *unbedingt* für mein Leben tun muss.«

Nicht, dass für mich Laufen das Glück an sich ist. Laufen ist eben Laufen. Nicht mehr und nicht weniger. Weder Glück noch Unglück. Und wenn Sie das Laufen unerfreulich finden, dann brauchen Sie sich nicht dazu zu zwingen. Es bleibt jedem selbst überlassen, ob er läuft oder nicht. Ich plädiere nicht dafür, dass alle laufen sollten. Wenn ich an einem Wintermorgen durch die Straßen gehe und die Oberschüler im Freien herumjoggen sehe, tut mir das oft richtig leid, denn es sind sicher viele darunter, die dazu überhaupt keine Lust haben.

Für mich selbst hat das Laufen allerdings eine große Bedeutung. Das heißt, die Erkenntnis, dass diese Tätigkeit in irgendeiner Form für mich oder das, was ich zu tun bemüht bin, notwendig ist, hat sich über lange Zeit unverändert in mir bewahrt. Dieser Gedanke treibt mich an. Morgens in eisiger Kälte, unter brütender Sonne oder auch wenn ich mich körperlich oder geistig erschöpft fühlte, hat er mich stets ermutigt: »Komm schon, auch heute wollen wir laufen.«

Und was ich in dem Artikel über die Bildung dieser Neuronen gelesen habe, gibt mir das Gefühl, dass das, was ich bisher getan habe, im Wesentlichen nicht falsch war. Das heißt, ich habe am eigenen Leib erfahren, wie wichtig es für schöpferisch tätige Menschen ist, aufmerksam auf das zu lauschen, was ihr Körper verlangt. Schließlich sind Geist und Verstand auch nur ein Teil unserer Physis. Und ich würde sagen – wie die Physiologen sich dazu äußern, weiß ich nicht –, die Grenzen zwischen Körper und Geist sind weder eindeutig noch scharf umrissen.

Ich sage es immer wieder, und bestimmt denken schon einige: »Jetzt fängt er wieder damit an«, aber das kommt, weil ich es so wichtig finde. Entschuldigen Sie also meine Penetranz in diesem Punkt.

Ein Schriftsteller erzählt Geschichten. Das ist die Basis. Und Geschichten zu erzählen bedeutet mit anderen Worten, in die unteren Schichten des Bewusstseins vorzudringen. Auf den Grund der Dunkelheit des Herzens. Je größer die Geschichte ist, die ein Autor erzählen will, desto tiefer muss er hinabsteigen. Es ist nichts anderes, als wenn man ein großes Gebäude bauen will und für das Fundament einen sehr tiefen Keller ausheben muss. Und je dichter er die Geschichte erzählen will, desto massiver und beklemmender wird die Dunkelheit in diesem Keller.

Im Dunkel dieses Kellers sucht sich der Autor die Nahrung, also den Stoff, den er für seine Geschichte braucht, und trägt ihn in den oberen Bereich des Bewusstseins. Er verwandelt ihn in Text und gibt ihm damit Form und Bedeutung. Mitunter ist diese Dunkelheit voller Gefahren. Die Wesen, die dort hausen, können alle möglichen Gestalten annehmen, um einen Menschen in die Irre zu leiten. Es gibt dort weder Wegweiser noch Landkarten. Es gibt auch Passagen, die sich zu einem Labyrinth verzweigen. Wie ein unterirdisches Höhlensystem. Wer sich nicht in Acht nimmt, verläuft sich darin. Dann kann es geschehen, dass er nicht mehr nach oben zurückfindet. Dort in der Finsternis vermischen sich kollektives und individuelles Unbewusstes, Vergangenheit und Gegenwart. Wir können nichts daraus mitnehmen, ohne es zu zerlegen. So lässt es sich nicht vermeiden, dass von Fall zu Fall etwas Gefährliches zum Vorschein kommt.

Im Kampf gegen die Mächte dieser Finsternis braucht man unbedingt physische Kraft, um all diesen Gefahren routiniert entgegenzutreten. Wie viel Kraft nötig ist, lässt sich nicht in Zahlen ausdrücken, aber zumindest ist es sehr viel besser, stark zu sein, als nicht. Diese Stärke dient nicht dazu, sich mit anderen Menschen zu messen, sondern ist nur für die eigenen Bedürfnisse bestimmt. Das habe ich durch mein tägliches Schreiben begriffen und allmählich ein echtes Gefühl dafür entwickelt. Man muss sein Herz so gut wie möglich stärken, und um diese Stärke über längere Zeit zu bewahren, ist es unerlässlich, die Kraft des Körpers, der es beherbergt, zu steigern und sich um seinen Erhalt zu kümmern.

Wenn ich hier von einem »starken Herzen« spreche, bezieht sich das nicht auf die Ebene des praktischen Lebens. Ich selbst bin im wirklichen Leben ein völlig durchschnittlicher Mensch mit durchschnittlichen Eigenschaften. Wenn eine Kleinigkeit mich verletzt, sage ich Dinge, die ich nicht sagen wollte, und später quält mich Reue. Ich kann Versuchungen nicht widerstehen und drücke mich gern vor langweiligen Pflichten. Ich kann mich über jede Kleinigkeit ärgern, aber wichtige Dinge aus purer Nachlässigkeit übersehen. Ich bemühe mich, so selten wie möglich Ausreden zu gebrauchen, aber manchmal rutschen sie mir einfach heraus. Auch wenn ich mir vornehme, an einem Tag keinen Alkohol zu trinken, nehme ich mir plötzlich ein Bier aus dem Kühlschrank und trinke es. So geht es vermutlich allen normalen Menschen auf der Welt. Oder nein, möglicherweise falle ich auch unter den Durchschnitt.

Aber wenn ich an einem Roman schreibe, gelingt es mir ziemlich gut, mich tapferen Herzens schon morgens um fünf an den Schreibtisch zu setzen. Und das über lange Zeit hinweg. Die Kraft dazu ist keine mir angeborene Gabe, sondern – zumindest zum größten Teil – im Nachhinein erworben. Ich habe sie mir bewusst antrainiert. Außerdem habe ich das Gefühl, dass jeder, der entschlossen genug ist, sie sich bis zu einem gewissen Grad aneignen könnte, wenn ich auch nicht so weit gehen würde zu behaupten, es sei »einfach«. Natürlich kommt es bei dieser Kraft ebenso wie bei körperlicher Kraft darauf an, sich selbst in bester Form zu halten, statt sich mit anderen zu vergleichen oder mit ihnen zu wetteifern.

Damit will ich keine moralistische oder stoische Aussage treffen. Moral und Stoizismus stehen nicht in einer unmittelbaren Beziehung zum Schreiben eines guten Romans. Zumindest glaube ich das nicht. Ich weise nur ganz einfach und praktisch darauf hin, dass es besser sein könnte, sich der physischen Komponente bewusster zu werden.

Vielleicht kratzt diese Denk- und Lebensweise an dem allgemeinen Bild des Schriftstellers, das die Öffentlichkeit hegt. Während ich diese Dinge sage, überkommt mich allmählich Unsicherheit. Denn möglicherweise sehnen sich die Menschen im Herzen noch immer nach dem klassischen Bild des Schriftstellers als unsozialen Literaten, der ohne Rücksicht auf die Familie ein dekadentes Leben führt, der die Kimonos seiner Ehefrau ins Pfandhaus bringt (obwohl dieses Beispiel vielleicht etwas veraltet ist), der immer wieder dem Alkohol und den Frauen verfällt, insgesamt tut und lässt, was ihm gefällt, und aus seinem Bankrott und Chaos heraus große Literatur schafft. Oder nach dem des »engagierten Schriftstellers«, der in den Spanischen Bürger-

krieg zieht und im Kugelhagel auf die Tasten seiner Schreibmaschine hämmert. Einen Schriftsteller, der in einer ruhigen
Vorstadt lebt, ein solides Leben führt, früh zu Bett geht, früh
aufsteht, an keinem Tag sein Lauftraining versäumt, gern Salate
macht und jeden Tag in seinem Büro einer geregelten Arbeits-
zeit nachgeht, will wahrscheinlich niemand. Ich ertränke die lang
gehegten romantischen Vorstellungen der Menschen nur in unnötig kaltem Wasser.

Der englische Schriftsteller Anthony Trollope schrieb im
19. Jahrhundert eine Menge umfangreicher Romane und war
äußerst beliebt. Er war bei der Londoner Post beschäftigt, und
Schreiben war zunächst nur ein Steckenpferd für ihn, doch bald
avancierte er zu einem der meistgelesenen und erfolgreichsten
Autoren seiner Zeit. Aber bis zuletzt kündigte er nicht bei der
Post. Er stand in den frühen Morgenstunden auf, setzte sich an
den Schreibtisch und schrieb das Pensum, das er sich für den
Tag gesetzt hatte. Danach ging er zur Arbeit. Trollope scheint
ein tüchtiger Beamter gewesen zu sein, denn er stieg zu einem
ziemlich hohen Verwaltungsposten auf. Es ist übrigens sein
Verdienst, dass in London überall rote Briefkästen aufgestellt
wurden (bis dahin hatte es so etwas nicht gegeben). Die Arbeit
bei der Post gefiel ihm sehr, und er scheint nie daran gedacht zu
haben, sie aufzugeben und Berufsschriftsteller zu werden, so
beschäftigt er mit seiner schriftstellerischen Produktion auch
gewesen sein muss. Vielleicht war er auch einfach ein etwas
eigenartiger Mensch.

1882 starb er mit siebenundsechzig Jahren. Die Autobiografie,
die sich unter seinen hinterlassenen Manuskripten befand, wurde posthum veröffentlicht und sein wenig romantisches, streng
geregeltes Alltagsleben damit erstmals offiziell bekannt. Zuvor

hatte man gar nicht so genau gewusst, was für ein Mensch Anthony Trollope gewesen war, doch als die Wahrheit ans Licht kam, waren Kritiker und Leser dermaßen bestürzt oder enttäuscht, dass die Beliebtheit und die Wertschätzung des Autors in ganz Großbritannien dahin waren. Als ich davon erfuhr, empfand ich aufrichtige Bewunderung und Hochachtung für Mr. Trollope (allerdings habe ich noch immer kein Buch von ihm gelesen), aber seine Zeitgenossen eben nicht. Sie waren ernsthaft verärgert. Wie konnten wir die Romane von diesem Langweiler lesen?, dachten sie. Im 19. Jahrhundert wünschte man sich in Großbritannien offenbar, dass ein Schriftsteller mit seiner Lebensweise dem idealisierten Bild des unkonventionellen Dichters entsprach. Angesichts meines »normalen« Lebensstils fürchte ich unwillkürlich, dass man mich mit ähnlichen Augen sieht wie Mr. Trollope. Tröstlich ist jedoch, dass er im 20. Jahrhundert wieder zu Ehren gelangt ist.

Was mich daran erinnert, dass auch Franz Kafka seine Werke schrieb, während er bei einer Prager Versicherung angestellt war. Auch er war als tüchtiger, zuverlässiger Kollege von allen geachtet. Es heißt, wenn Kafka freihatte, blieb die Arbeit liegen. Genau wie Mr. Trollope war er ein Mensch, der ernsthaft seiner schriftstellerischen Arbeit nachging, ohne seinen Brotberuf zu vernachlässigen. (Obwohl dieser womöglich als Entschuldigung dafür dient, dass die meisten seiner Werke unvollendet blieben.) Doch anders als in Mr. Trollopes Fall gelten Kafkas Lebensumstände als bewunderungswürdig. Man fragt sich, wie dieser Unterschied in der Bewertung zustande kommt. Die Gunst der Menschen ist wahrlich unberechenbar.

Jedenfalls entschuldige ich mich aufrichtig bei all jenen, die das Idealbild des unkonventionellen Dichters anstreben. Doch –

und ich wiederhole mich – *für mich* ist es unerlässlich, ein maß-volles Leben zu führen, um weiter Schriftsteller zu sein.

Ich glaube, in allen Herzen herrscht ein gewisses Chaos. In meinem wie in Ihrem. Aber dies ist nicht die Art von Gegenstand, die man auf der Ebene des Alltäglichen in konkreter und sichtbarer Form nach außen tragen muss. »He, mein inneres Chaos ist riesengroß« ist keine Aussage, mit der man sich vor aller Welt brüsten sollte. Wer zufällig seinem inneren Chaos begegnet, sollte den Mund halten und allein auf den Grund seines Bewusstseins hinabsteigen. Das Chaos, dem Sie sich stellen müssen, das echte Chaos, dem entgegenzustellen sich lohnt, ist genau dort. Es lauert direkt unter Ihren Füßen.

Und was Sie brauchen, um es gewissenhaft und ehrlich in Worte zu fassen, ist konzentrierte Schweigsamkeit, unablässige Ausdauer und ein einigermaßen solide gebautes Bewusstsein. Um diese Eigenschaften konstant zu halten, muss man körperlich robust sein. Das mag eine langweilige, buchstäblich prosaische Schlussfolgerung sein, aber es ist meine grundsätzliche Meinung als Schriftsteller. Ob ich nun verrissen, gepriesen, mit faulen Tomaten oder schönen Blumen beworfen werde, nur so kann ich schreiben – und leben.

Ich liebe die Tätigkeit des Schreibens an sich. Ich bin dankbar und schätze mich glücklich, dass ich mich so ernähren und dieses Leben führen kann. Wäre ich an einem gewissen Punkt meines Lebens nicht durch einen ungewöhnlichen Glücksfall gesegnet worden, hätte ich das nie geschafft. Das ist meine aufrichtige Überzeugung. Man könnte es beinahe ein »Wunder« nennen.

Auch wenn ich ein mehr oder weniger natürliches Talent zum Schreiben besitze, hätte dieses, wäre es nicht entdeckt worden, wie eine Ölquelle oder eine Goldader bis in alle Ewigkeit tief unter der Erde geschlummert. Manche behaupten, wenn jemand eine echte, starke Begabung habe, werde sie auf jeden Fall irgendwann aufblühen. Doch nach meinem Empfinden – in das ich einiges Vertrauen setze – ist das nicht notwendigerweise der Fall. Liegt dieses Talent dicht unter der Oberfläche, ist die Wahrscheinlichkeit, dass es von selbst heraussprudelt, verhältnismäßig hoch. Liegt es jedoch in tieferen Schichten begraben, ist es nicht so einfach zu finden. Eine solche Begabung kann noch so außergewöhnlich sein – es kann doch geschehen, dass sie für alle Ewigkeit unentdeckt bleibt, wenn niemand eine Schaufel zur Hand nimmt und sagt: »Auf geht's, hier grabe ich mal.« Im Nachhinein bin ich fast sicher, dass es bei mir so war. Es gibt so etwas wie die Gunst der Stunde, und ein solcher Moment kehrt, einmal verpasst, in der Regel nicht wieder. Das Leben kann mitunter launisch, ungerecht und von Fall zu Fall sogar grausam sein. Aber ich hatte die Chance, eine günstige Gelegenheit zu ergreifen. Aus heutiger Sicht war das reines Glück.

Aber das Glück ist nicht mehr als eine Art Eintrittskarte. In diesem Punkt unterscheidet sich die Sache ganz wesentlich von einer Ölquelle oder einer Goldader. Nachdem man diese einmal gefunden und in Besitz genommen hat, ist alles klar, und man lebt in Saus und Braus. Mit Ihrer Eintrittskarte dagegen haben Sie zwar Zutritt zum Festsaal – aber das ist auch schon alles. Sie zeigen sie am Eingang vor, und man lässt Sie in den Saal, aber was Sie dort tun, was Sie sich anschauen, was Sie annehmen oder verwerfen, wie Sie die Hindernisse überwinden, die Ihnen dort vielleicht entgegentreten, ist letztendlich eine Frage Ihrer individuellen Begabung, Ihrer Veranlagung, Ihrer Fähigkeiten, Ihres persönlichen Auftretens, Ihrer Weltanschauung und manchmal auch ganz einfach Ihrer physischen Kraft. Mit Glück allein ist es jedenfalls nicht getan.

Es versteht sich von selbst, dass es, genau wie es verschiedene Typen von Menschen gibt, auch verschiedene Typen von Schriftstellern gibt. Sie unterscheiden sich in Lebensweise, Weltsicht und Stil, und natürlich kann man sie nicht über einen Kamm scheren. Was ich jedoch tun kann, ist von mir als Autor berichten. Das schränkt die Sache erheblich ein, aber eine grundsätzliche, über die individuellen Unterschiede hinausgehende Gemeinsamkeit haben Berufsschriftsteller doch. Wenn man sie mit einem Wort beschreiben wollte, träfe »Zähigkeit« es am besten, glaube ich. Sie ist der unbeugsame Wille eines Autors, unter allen Umständen weiterzuschreiben, auch wenn er mit heftigsten Zweifeln zu kämpfen hat, mit beißender Kritik überschüttet oder von guten Freunden verraten wird, unerwartet scheitert, mitunter das Selbstbewusstsein verliert oder unter Größenwahn leidet, kurzum jedem nur möglichen Hindernis begegnet.

Und wenn man diese Willenskraft über lange Zeit aufrechterhält, stellt sich unweigerlich die Frage nach der Qualität dieser Lebensweise. Wie lebt man angemessen? Ich bin grundsätzlich der Ansicht, »angemessen leben« bedeutet, den Körper, also den »Rahmen«, der den Geist zusammenhält, aufzubauen und Schritt für Schritt beständig voranzubringen. Das Leben ist (häufig) ein zermürbender und langwieriger Kampf, und es erscheint mir als ein Ding der Unmöglichkeit, ohne das unermüdliche Bemühen um den Körper die geistige Stabilität und Willenskraft zu erhalten. Das Leben ist eben nicht bequem. Wer zu einseitig lebt, wird früher oder später unweigerlich die Rache (oder den Rückstoß) der anderen Seite zu spüren bekommen. Wie bei einer Waage ist der ursprüngliche Zustand das Gleichgewicht. Physische und spirituelle Kraft sind sozusagen zwei Räder. Sind sie richtig ausbalanciert, funktionieren sie am effektivsten, und man kann den Kurs am besten halten.

Es ist ein sehr simples Beispiel, aber wenn Sie Zahnschmerzen haben, können Sie nicht am Schreibtisch sitzen und arbeiten. Ganz gleich, wie ausgefeilt der Plot schon im Kopf ist, ganz gleich, wie stark der Wille zu schreiben ist oder die Gabe, wunderschöne komplexe Geschichten zu erschaffen, es wird Ihnen unmöglich sein, sich darauf zu konzentrieren, wenn Sie von heftigen Schmerzen geplagt werden. Zuerst müssen Sie zum Zahnarzt und den Zahn behandeln (den Körper ordnungsgemäß warten) lassen, dann erst können Sie wieder schreiben.

Es ist eine simple Theorie, aber in meinem bisherigen Leben habe ich gelernt, dass physische und spirituelle Kraft miteinander im Einklang stehen müssen. Beide müssen einander wechselseitig und wirksam unterstützen. Je mehr der Kampf zu einem langen Krieg wird, desto größere Bedeutung kommt dieser Theorie zu.

Sind Sie jedoch der Ansicht, es genüge, wenn einzigartige Genies wie Mozart, Schubert, Puschkin, Rimbaud oder van Gogh für kurze Zeit voll erblühen, einige wunderschöne oder erhabene Werke hinterlassen, die die Herzen der Menschen berühren, sich in der Geschichte einen unsterblichen Namen machen und damit verglühen, trifft eine Theorie wie meine natürlich überhaupt nicht zu. Dann vergessen Sie ein für alle Mal, was ich bisher gesagt habe. Und tun, was Ihnen gefällt und wie es Ihnen gefällt. Selbstverständlich ist auch das eine wundervolle Art zu leben. Keine Epoche kann auf Genies wie Mozart, Schubert, Puschkin, Rimbaud oder van Gogh verzichten.

Falls Sie jedoch (leider) nicht über eine solche geniale Begabung verfügen, aber den Wunsch haben, Ihr ganz brauchbares (mehr oder weniger begrenztes) Talent allmählich zu steigern, und hoffen, etwas Überzeugendes daraus zu machen, ist meine Theorie vielleicht auf Sie anwendbar. Dann könnte es Ihnen von Nutzen sein, Ihre Willenskraft zu festigen, zugleich Ihren Körper, der die Festung dieses Willens ist, in einen möglichst gesunden und robusten Zustand zu versetzen, in dem er Sie nicht behindert, und damit auch noch Ihre Lebensqualität zu erhöhen. Ich bin zutiefst davon überzeugt, dass sich bei solchen stringenten Bemühungen auch die Qualität der Werke, die daraus geschaffen werden, auf natürliche Weise steigert. (Ich wiederhole, diese Methode ist nicht auf genial begabte Künstler anwendbar.)

Und was kann man tun, um seine Lebensqualität zu steigern? Dazu gibt es so viele Methoden, wie es Menschen gibt. Jeder muss seinen eigenen Weg finden. Ebenso, wie jeder seine eigenen Geschichten und seinen eigenen Stil finden muss.

Als Beispiel möchte ich noch einmal Franz Kafka heranziehen. Er starb im Alter von vierzig Jahren an Schwindsucht, und auf den Bildern, die es von ihm gibt, macht er einen nervösen, körperlich schwachen Eindruck, doch offenbar achtete er ungewöhnlich streng auf seine Gesundheit. Er hielt eine vegetarische Diät ein, schwamm im Sommer jeden Tag ungefähr zwei Kilometer in der Moldau und nahm sich täglich Zeit für seine körperliche Ertüchtigung. Ich hätte ihm gern einmal dabei zugesehen, wie er mit ernster Miene seine Übungen absolvierte.

Im Laufe meiner Entwicklung habe ich so lange experimentiert und dabei natürlich auch Fehlschläge erlitten, bis ich meinen eigenen Lebensstil gefunden hatte. Trollope fand seinen und Kafka den seinen. Nun müssen Sie den Ihren finden. Jeder Mensch verfügt über andere körperliche und geistige Voraussetzungen. Und jeder hat seine Theorie. Dennoch würde ich mich glücklich schätzen, wenn meine Theorie Ihnen zumindest ein wenig helfen würde – mit anderen Worten, ein wenig Allgemeingültigkeit besäße.

8 ÜBER DIE SCHULE

Als Nächstes möchte ich über die Schule sprechen. Was sie für mich bedeutete, welche Rolle meine Schulausbildung für mich als Schriftsteller spielte oder ob sie überhaupt eine Rolle spielte. Davon will ich erzählen.

Meine Eltern waren beide Lehrer, und ich selbst habe mehrmals als Gastdozent an amerikanischen Universitäten unterrichtet (aber so etwas wie eine Lehrerlaubnis besitze ich nicht). Offen gesagt, hatte ich von jeher eine gewisse Abneigung gegen die Schule. Der Gedanke an meine ehemalige Schule ist mir unangenehm (tut mir leid), und ich kann mich kaum an etwas Schönes erinnern. Offenbar sitzt mir das noch immer im Nacken. Doch wahrscheinlich war eher ich als die Schule das Problem.

Jedenfalls erinnere ich mich noch, dass ich, als ich endlich mein Examen an der Universität gemacht hatte, erleichtert war und dachte: Jetzt muss ich nie wieder zur Schule gehen. Ich hatte das Gefühl, eine schwere Last sei mir von den Schultern genommen worden. Ich habe wahrscheinlich nicht ein einziges Mal mit Wehmut an die Schule gedacht.

Aber warum will ich dann jetzt noch von der Schule erzählen?

Vermutlich rührt es daher, dass ich jetzt, da meine Schulzeit in weiter Ferne liegt, allmählich das Gefühl habe, aus meiner Warte über meine Erfahrungen mit Schule oder Ausbildung im Allgemeinen berichten zu dürfen. Und dadurch vielleicht etwas zur Erhellung des Themas beizutragen. Ein weiteres Motiv ist vielleicht auch das Gespräch, das ich vor Kurzem mit mehreren jungen Schulverweigerern geführt habe.

Offen gestanden war Lernen von der Grundschule bis zur Universität durchgängig nicht gerade meine Stärke. Nicht, dass meine Noten katastrophal gewesen wären oder ich überhaupt nicht mitgekommen wäre, ich schaffte es immer, aber die Beschäftigung des Lernens an sich gefiel mir nicht, und ich lernte eigentlich kaum. Die Schule in Kobe, auf die ich ging, war eine öffentliche, eine sogenannte »Prüfungsschule«, das heißt, der Lehrplan war so ausgerichtet, dass die Schüler bereits auf die Aufnahmeprüfungen für die Universität vorbereitet wurden. Wir gehörten zu den geburtenstarken Jahrgängen und waren mit über sechshundert Schülern pro Stufe eine große Schule. Nach jeder der turnusmäßigen Arbeiten wurde eine Liste mit fünfzig Namen ausgehängt (das war wirklich so, ich weiß es noch genau). Allerdings war mein Name nie unter den ersten auf der Liste, wo die Schüler mit den ausgezeichneten Noten standen. Ich glaube, er war meist im oberen Mittelfeld.

Der Grund, aus dem ich nicht lernte, war ganz einfach und vor allem der, dass es mir langweilig erschien. Ich hatte so gut wie kein Interesse am Schulstoff. Besser gesagt, es gab so viele Dinge auf der Welt, die mir mehr Spaß machten, als für die Schule zu lernen. Lesen zum Beispiel oder Musik hören oder ins Kino gehen, im Meer baden, Baseball oder mit der Katze spielen, und mit der Zeit wuchs mein Interesse daran, die ganze Nacht lang mit Freunden Mah-Jongg zu spielen und mich mit Mädchen zu treffen. Verglichen damit erschien es mir ziemlich langweilig, für die Schule zu lernen. Und wenn man genauer darüber nachdenkt, liegt das ja auch auf der Hand.

Aber ich fand mich weder faul noch vergnügungssüchtig. Im Grunde meines Herzens wusste ich, dass lesen und begeistert Musik hören – den Umgang mit Mädchen darf man wohl einschließen – eine persönliche Art des Lernens war, die große Bedeutung für mich hatte. Dass sie in gewisser Hinsicht wichtiger für mich war als die Prüfungen in der Schule. Ich kann mich nicht genau erinnern, in welchem Ausmaß diese Überzeugung damals in mir Fuß fasste oder sich zu einer Theorie entwickelte, aber mir ist, als wäre diese Erkenntnis langsam in mir heraufgedämmert. Natürlich lernte ich mitunter auch freiwillig für Themen, die mich fesselten.

Hinzu kommt, dass ich noch nie Interesse daran hatte, mit anderen in Wettstreit zu treten. Ich sage das nicht, um gut dazustehen, aber Punkte, Plätze und andere Leistungsindikatoren (glücklicherweise gab es so etwas in meiner Jugend nicht), also Unter- oder Überlegenheit, die sich in konkreten Zahlen ausdrückt, verlockten mich kein bisschen. Ich glaube, es liegt einfach nicht in meiner Natur. Nicht, dass ich ein schlechter Verlierer wäre, das kommt auf die Situation an, jedenfalls nicht auf der Ebene des Wettstreits mit anderen.

Lesen war für mich damals das Allerwichtigste. Unnötig zu erwähnen, dass es jede Menge Bücher mit wesentlich spannenderem Inhalt gab als meine Schulbücher. Beim Umblättern der Seiten spürte ich physisch, wie mir ihr Inhalt von Anfang an in Fleisch und Blut überging. Deshalb hatte ich auch immer weniger Lust, ernsthaft für die Schule zu lernen. Mechanisch stopfte ich Jahreszahlen und englische Vokabeln in mich hinein, ohne mir vorstellen zu können, was sie mir später nützen sollten. Mechanisch statt systematisch gelerntes Wissen verfällt mit der Zeit von selbst und verschwindet irgendwohin – an einen düsteren Ort, eine Art Friedhof des Wissens. Schließlich besteht keine Notwendigkeit, solche Dinge ewig im Gedächtnis zu behalten.

Es gibt weit Wichtigeres, das auch noch nach langer Zeit innerlich bewahrt wird. Das versteht sich von selbst. Doch diese Art des Wissens hat keine so unmittelbare Wirkung. Es dauert, bis sein wahrer Wert hervortritt. Leider steht es in keiner direkten Verbindung zu den Noten bevorstehender Prüfungen. Der Unterschied zwischen effektiv und ineffektiv ist, um ein Beispiel zu gebrauchen, der gleiche wie der zwischen einem kleinen und einem großen Kessel. Ein kleiner Kessel ist praktisch, weil das Wasser darin schnell kocht, aber es kühlt auch schnell ab. Bei einem großen Kessel hingegen dauert es lange, bis das Wasser kocht, aber es bleibt auch länger heiß. Man kann nicht sagen, welcher besser ist, jeder hat seine Vorteile und Eigenheiten. Das Entscheidende ist, sie jeweils richtig zu verwenden.

Um die Mitte meiner Oberschulzeit las ich einen englischen Roman im Original. Ich war nicht besonders gut in Englisch, aber ich wollte unbedingt ein Original lesen, noch besser eines, von dem es noch keine japanische Übersetzung gab. Also kaufte ich in einem Antiquariat am Hafen von Kobe einen ganzen Stapel englischer Taschenbücher und las sie wie wild von vorne bis hinten durch, ganz gleich, ob ich sie verstand oder nicht. Anfangs tat ich es aus purer Neugier. Und dabei gewöhnte ich mich an die gar nicht so widerständige europäische Art zu schreiben. Früher lebten in Kobe viele Ausländer, und wegen des großen Hafens gab es auch viele Seeleute. So verfügte das Antiquariat über viele westliche Bücher, die sie auf einmal verkaufen konnten. Damals las ich fast ausschließlich Krimis und Science-Fiction-Romane mit reißerischen Umschlagmotiven in einfachem Englisch. Schwierige Autoren wie James Joyce oder Henry James waren für einen Oberschüler natürlich nicht zu knacken. Doch wie dem auch sei, bald konnte ich ein englisches Buch von Anfang bis Ende durchlesen. Allerdings verbesserten sich meine Englischnoten dadurch überhaupt nicht. Sie blieben unverändert mittelmäßig.

Woran das wohl lag? Es gab viele Schüler, die bessere Englischarbeiten schrieben als ich, aber soweit ich sehen konnte, waren sie kaum in der Lage dazu, ein englisches Buch zu lesen. Mir hingegen machte das Spaß, und ich las mühelos. Warum aber wurden meine Noten in Englisch trotzdem nicht besser? Ich überlegte hin und her und begriff schließlich, dass der Englischunterricht an japanischen Oberschulen nicht darauf abzielte, den Schülern lebendiges Englisch zu vermitteln.

Aber was war denn dann das Ziel? Das Ziel war, bei der Aufnahmeprüfung für die Universität eine möglichst hohe Punktzahl zu erreichen. Englische Literatur zu lesen oder sich mit Ausländern zu unterhalten war zumindest für die Englischlehrer an meiner Schule nebensächlich (vielleicht sogar überflüssig). Viel wichtiger war es, schwierige Vokabeln, grammatische Konstruktionen wie den Konjunktiv im Plusquamperfekt, Präpositionen und Artikel zu lernen.

Natürlich sind auch solche Kenntnisse wichtig. Besonders seit ich professionell übersetze, sind mir meine unzureichenden

Grundkenntnisse auf diesem Gebiet schmerzlich bewusst. Aber diese technischen Details kann man sich auch später noch zur Genüge aneignen, wenn man nur will. An Ort und Stelle, am Arbeitsplatz, je nach Bedarf. Viel entscheidender ist der Grund, aus dem man Englisch oder eine andere Fremdsprache lernen will. Wenn der nicht klar ist, wird das Lernen zur Plackerei. In meinem Fall war das Ziel eindeutig. Ich wollte englische Romane im Original lesen. Das genügte mir vorläufig.

Sprache ist etwas ebenso Lebendiges wie ein Mensch. Da wir lebende Menschen sind, die lebende Sprachen benutzen, ist viel Flexibilität vonnöten. Wir müssen willens sein, uns zu bewegen, um die wirksamste Gesprächsebene zu finden. Eigentlich ist das selbstverständlich, aber in unserem Schulsystem ist diese Ansicht keineswegs selbstverständlich, was ich sehr bedauerlich finde. Das Schulsystem und mein System griffen also nicht ineinander, weshalb es mir auch keinen besonderen Spaß machte, zur Schule zu gehen. Aber ich schaffte es, jeden Tag dorthin zu traben, weil ich gute Freunde und ein paar hübsche Mädchen in meiner Klasse hatte.

Ich erzähle natürlich, wie es »zu meiner Zeit« war, die wohlgemerkt fast ein halbes Jahrhundert zurückliegt. Seither haben sich die Umstände sehr verändert. Die Welt ist global geworden, und durch die Einführung von Computern, Aufnahme- und Videogeräten haben sich die Lehrmethoden an den Schulen verbessert, und vieles ist praktischer geworden. Zugleich ist mir, als würden das Unterrichtssystem und die Einstellung sich im Grunde nicht so sehr von jenem von vor einem halben Jahrhundert unterscheiden. Um sich eine lebende Fremdsprache wirklich anzueignen, scheint es noch immer nur die Möglichkeit zu geben, ins Ausland zu gehen. Wenn junge Leute beispielsweise in Europa waren, sprechen sie in der Regel fließend Englisch. Sie lesen auch allmählich Bücher auf Englisch (weil nicht jeder Verlag auf der Welt in ihre Sprache übersetzte Bücher verkaufen kann). Aber die meisten jungen Japaner sind noch immer nicht in der Lage, einigermaßen flüssig Englisch zu sprechen, zu lesen oder zu schreiben. Ich halte das für ein großes Problem. Ein derart unausgewogenes Ausbildungssystem nicht zu verändern, und andererseits von der Grundschule an Englisch zu unterrichten, erscheint mir wenig hilfreich. Daran verdient nur die Bildungsindustrie.

Das gilt nicht nur für Englisch (oder andere Fremdsprachen). Der Unterricht in allen Fächern ist bei uns grundsätzlich nicht darauf ausgerichtet, auf individuelle Anlagen einzugehen. Es sieht so aus, als würde man die Kinder auch heute noch mit Lehrbuchwissen vollstopfen und sie eifrig in Prüfungstechniken unterrichten, weil es die größte Sorge der Eltern und Lehrer ist, dass sie die Aufnahmeprüfung für irgendeine Universität bestehen. Das finde ich recht bedauerlich.

Als ich zur Schule ging, ermahnten meine Eltern und meine Lehrer mich ebenfalls ständig, mehr zu lernen. Ich müsse mir Wissen aneignen, solange ich jung sei, sonst würde ich es später als Erwachsener bereuen. Doch das habe ich kein einziges Mal getan. Eher wünschte ich, ich hätte zu der Zeit noch mehr getan, was ich wollte. Eher reut mich diese langweilige Paukerei, die völlig nutzlos für mein Leben war. Aber vielleicht bin ich auch ein extremer Fall.

Wenn mir etwas gefällt oder mich fesselt, lasse ich mich ganz darauf ein. Dass ich mittendrin aufhöre, weil ich genug habe, kommt praktisch nicht vor. Ich mache so lange weiter, bis ich von dem, was ich erreicht habe, überzeugt bin. Aber bei Dingen, für die ich kein Interesse habe, strenge ich mich nicht so an. Besser gesagt, ich tue sie lustlos. Diese Neigung zeichnete sich schon früh bei mir ab. Befahl mir jemand, etwas zu tun (besonders jemand, der über mir stand), erledigte ich es nur halbherzig.

Auch beim Sportunterricht war das so. Von der Schule bis zur Universität hatte ich für Leibesertüchtigung nichts übrig. Ich konnte es nur mit Mühe ertragen, mir mein Turnzeug anzuziehen, zum Sportplatz geführt zu werden und irgendwelche mir verhassten Übungen zu machen. Deshalb hielt ich mich auch lange Zeit für unsportlich. Aber als ich später in die Welt hinausging und freiwillig Sport trieb, bereitete es mir Vergnügen. Dass Bewegung solchen Spaß machte! Es fiel mir wie Schuppen von den Augen. Was war das bloß gewesen, zu dem man mich auf der Schule gezwungen hatte? Ich war völlig verblüfft. Natürlich ist das bei jedem anders und lässt sich nicht verallgemeinern; dennoch fragte ich mich, ob der Sportunterricht in der Schule wohl nur dazu diente, den Schülern den Sport zu verleiden.

Man unterteilt Menschen ja manchmal in Hunde- und Katzentypen. Ich halte mich vornehmlich für einen Katzencharakter. Sobald mir jemand sagt, ich solle nach links gehen, gehe ich nach rechts und umgekehrt. Mitunter schäme ich mich etwas dafür, aber es ist im Guten wie im Schlechten meine Natur. Und auf der Welt muss es ja verschiedene Naturen geben. Aber das japanische Bildungswesen, das ich erlebt habe, fördert in meinen Augen den Hundecharakter zu stark, weil er der Gemeinschaft nutzt. Und manchmal schießt man dabei über das Ziel hinaus; es scheint, als wollte man einen Schafscharakter züchten, der sich ganz den Interessen der Gruppe unterwirft.

Diese Tendenz erstreckt sich auf das gesamte japanische Gesellschaftssystem, in dessen Zentrum nicht nur die Schule, sondern auch die Firma und das Beamtentum stehen. Und dieses starre, auf Zahlen basierende System führt, gepaart mit der Vorliebe für stures Auswendiglernen, in den verschiedensten Bereichen zu ernsthaften Schäden. Zu gewissen Zeiten funktionierte dieses »utilitaristische« System sicherlich gut. Als die Ziele der Gesellschaft insgesamt noch eindeutiger waren, hatte es vermutlich seine Berechtigung. Aber seit der Aufbau nach dem Krieg vorbei ist, seit das Wirtschaftswunder, als es immer nur »Vorwärts, vorwärts« hieß, der Vergangenheit angehört und die Wirtschaftsblase auf wundersame Weise geplatzt ist, hat ein Gesellschaftssystem, in dem »alle in einem Boot sitzen« und auf ein gemeinsames Ufer zusteuern, eindeutig ausgedient. Denn aus irgendeinem Grund können wir kein weiteres gemeinsames Ziel mehr erkennen.

Natürlich wäre es ziemlich ungünstig, wenn die Welt ausschließlich aus selbstsüchtigen Charakteren wie mir bestünde. Aber, wenn ich noch einmal das Beispiel von vorhin bemühen darf, in der Küche muss man eben die großen *und* die kleinen Kessel geschickt je nach Bedarf verwenden. Auch menschliches Wissen sollte man je nach Sinn und Zweck einzusetzen verstehen. Oder den gesunden Menschenverstand. Erst durch das Zusammenfügen verschiedener Denkweisen und Weltbilder funktioniert eine Gesellschaft harmonisch und in einem guten Sinne effektiv. Vereinfacht gesprochen, könnte dadurch eine Verfeinerung des Systems stattfinden.

Jede Gesellschaft braucht einen Konsens. Ohne einen solchen kann sie nicht bestehen. Zugleich müssen die zahlreichen Minderheiten respektiert werden, die sich außerhalb dieses

Konsenses befinden. In einer entwickelten Gesellschaft ist dieses Gleichgewicht ein wichtiger Faktor. Dadurch entstehen Tiefe und Einsicht. Doch wie es aussieht, rudert das gegenwärtige Japan noch nicht genügend in diese Richtung.

Nehmen wir zum Beispiel den Reaktorunfall in Fukushima im März 2011. Verfolgt man die Berichterstattung, gelangt man unweigerlich zu der düsteren Einsicht, dass er eine unvermeidliche Katastrophe war, und zwar herbeigeführt durch das japanische Gesellschaftssystem. Ich vermute, dass die meisten von Ihnen meine Ansicht im Großen und Ganzen teilen.

Zehntausende von Menschen verloren ihre angestammte Heimat, und es besteht keine Aussicht, dass sie jemals dorthin zurückkehren können. Die Lage ist trostlos. Wenn man die Umstände, die dazu geführt haben, genauer betrachtet, so waren bei dieser unvorstellbaren Naturkatastrophe unglückliche Zufälle im Spiel. Aber dass sie das Ausmaß einer derartigen Tragödie erreichte, lag an einem strukturellen Versagen, das meiner Ansicht nach durch einen unserem System immanenten Mangel an Urteilsvermögen und Verantwortungsgefühl verursacht wurde. An einem üblen Profitdenken, dem jede Vorstellung vom Leid anderer Menschen abhandengekommen ist.

Alles, was zählte, war »wirtschaftliche Effektivität«, und die nationale Politik war ausschließlich auf die Förderung von Atomkraft ausgerichtet. Zuerst hielt man die potenziellen Risiken und dann die tatsächlichen Geschehnisse vorsätzlich vor der Öffentlichkeit geheim. Dafür haben wir später die Quittung bekommen. Die Katastrophe hat die rücksichtslose Wachstumsideologie, die bis in die Wurzel unserer Gesellschaft gedrungen ist, ans Licht gebracht. Werden wir nicht zwangsläufig immer wieder die gleichen Tragödien heraufbeschwören, solange wir nicht von Grund auf etwas ändern?

Vielleicht trifft es ja bedingt zu, dass ein Land, das wie Japan über keine eigenen Rohstoffe verfügt, auf Atomkraft nicht verzichten kann. Ich bin grundsätzlich gegen Atomkraft, aber unter gewissen Umständen gäbe es vielleicht Spielraum für eine Diskussion. Zumindest müssten Kernkraftwerke von vertrauenswürdigen Mitarbeitern kontrolliert und von weiteren unabhängigen Instanzen streng überwacht werden und sämtliche Informationen der Öffentlichkeit zugänglich sein. Wenn jedoch eine Technologie, die tödliche Gefahren und das Risiko, ganze Landstriche zu zerstören (wie im Fall von Tschernobyl), in sich birgt, kommerziell betrieben wird, wodurch das gesamte Interesse naturgemäß auf Profit ausgerichtet ist, und zudem eine hierarchische Bürokratie diese ohne jedes menschliche Mitgefühl »leitet« und »überwacht«, entstehen haarsträubende Zustände. Sie können dazu führen, dass die Erde verseucht wird, die Natur aus dem Takt gerät, die Einwohner schwere körperliche Schäden davontragen und ihrer Heimat beraubt werden und der Staat das Vertrauen des Volkes verliert. All das ist *tatsächlich* in Fukushima passiert.

Ich bin abgeschweift, aber was ich sagen wollte, ist, dass die Widersprüche des japanischen Bildungs- und Erziehungswesens eng mit den Widersprüchen des Gesellschaftssystems verknüpft sind. Wir sind an einem Punkt angelangt, an dem es kaum noch den Raum gibt, diese Widersprüche aufzulösen.

Aber lassen Sie uns zum Thema Schule zurückkehren.

Als ich zur Schule ging, also etwa von Mitte der 1950er- bis Ende der 1960er-Jahre, waren Mobbing und Schulverweigerung, anders als heute, noch nicht an der Tagesordnung. Was natürlich nicht heißen soll, dass es in Schulen und im Bildungswesen keinerlei Probleme gab (es gab sogar ziemlich viele), aber in meinem näheren Umfeld existierten Mobbing und Schulverweigerung so gut wie nicht. Wenn etwas Ähnliches vorkam, dann in einer sehr viel gemäßigteren Form.

Dies hatte vermutlich damit zu tun, dass das ganze Land in der Nachkriegszeit noch ziemlich arm war und man eindeutige Ziele wie »Wiederaufbau« und »Fortschritt« hatte. Obwohl auch sie gewisse Widersprüche beinhalteten, herrschte doch eine grundsätzlich positive Atmosphäre. Die allgegenwärtige Zielstrebigkeit verfehlte gewiss auch nicht ihre unterschwellige Wirkung auf uns Kinder. Ich glaube, der kindliche Alltag war damals kaum von negativen Energien beeinflusst. Man dachte im Wesentlichen optimistisch: Wenn wir weiter so durchhalten, werden sich mit der Zeit alle Schwierigkeiten und Widersprüche in Luft auflösen. So hatte ich zwar nicht sonderlich viel für die Schule übrig, nahm sie aber als etwas Gegebenes hin, das ich nicht in Zweifel zog.

Heutzutage haben sich Mobbing und Schulverweigerung jedoch zu derartigen Problemen ausgewachsen, dass kaum ein Tag vergeht, an dem nicht in Zeitungen und Zeitschriften oder im Fernsehen darüber berichtet wird. Nicht wenige Mobbingopfer nehmen sich das Leben. Das kann man nur als tragisch bezeichnen. Alle möglichen Leute haben alle möglichen Meinungen zu dieser Frage geäußert, und man hat auch alle möglichen Maßnahmen ergriffen, aber es ist überhaupt kein Nachlassen dieser Tendenz erkennbar.

Die Schüler werden keineswegs nur von ihren Klassenkameraden gemobbt. Auch seitens der Lehrer droht ihnen Gefahr, wie der folgende, schon etwas länger zurückliegende Vorfall beweist. An einer Schule in Kobe schloss ein Lehrer mit dem ersten Klingeln das schwere Schultor derart vehement, dass dabei eine Schülerin ums Leben kam. Er rechtfertigte sich, er habe sich nicht mehr zu helfen gewusst, weil die Schüler immer unpünktlicher geworden seien. Natürlich ist Zuspätkommen nicht gerade lobenswert. Aber wie kann Pünktlichkeit ein Menschenleben aufwiegen?

Bei diesem Lehrer hatte sich das Zuspätkommen offenbar zu einer Zwangsvorstellung entwickelt und in seinem Kopf solche absurden Ausmaße angenommen, dass ihm jede Verhältnismäßigkeit abhandenkam. Dabei ist ein Gefühl für die Verhältnismäßigkeit der Mittel eine der wichtigsten Eigenschaften für einen Lehrer. In einer Zeitung wurde der folgende Kommentar abgedruckt: »Aber das geschah nur, weil dieser Lehrer ein guter, ein leidenschaftlicher Lehrer war.« Ein Mensch, der so etwas äußert – äußern kann –, scheint mir ebenfalls erhebliche Probleme zu haben. Wo bleibt der Gedanke an das tote Mädchen und den Schmerz der Angehörigen?

Man kann sich vorstellen, dass der schulische Druck Schüler – metaphorisch gesprochen – seelisch zerquetscht, aber dass eine Schülerin buchstäblich zu Tode gequetscht wird, geht weit über meine Vorstellungskraft hinaus.

Derart krankhafte Zustände (anders kann man es nicht nennen) an einer Bildungseinrichtung sind nichts anderes als ein Spiegel der krankhaften Zustände in unserer Gesellschaft. Gäbe es eine gesamtgesellschaftliche innere Kraft und bestimmte Ziele, könnten gewisse schulische Probleme an Ort und Stelle gelöst werden. Doch wenn eine Gesellschaft diesen Zusammenhalt eingebüßt hat und allerorten ein Gefühl von Hilflosigkeit

herrscht, treten die Auswirkungen am stärksten im Erziehungs-
wesen hervor. In den Schulen, in den Klassenzimmern. Denn
aus irgendeinem Grund sind Kinder wie Kanarienvögel sehr
empfindsam und nehmen verpestete Luft als Erste wahr.

Wie gesagt, hatte in meiner Kindheit die Gesellschaft noch
Raum, sich zu entwickeln. Konflikte zwischen Individuum und
System wurden von diesem Raum absorbiert und wuchsen sich
nicht zu derart gewaltigen Problemen aus. Die Gesellschaft insgesamt war noch in Bewegung, und der dabei entstehende Sog
schluckte alle möglichen Frustrationen und Widersprüche. Anders ausgedrückt, gab es bei Schwierigkeiten hier und da noch
Räume oder Nischen, in die man sich flüchten konnte. Doch die
Zeit des Aufbaus ist vorbei, ebenso wie die der Wirtschaftsblase,
und solche Zufluchtsstätten sind kaum noch zu finden. Alles der
großen Strömung zu überlassen ist keine Lösung mehr. Angesichts der ernsten Fragen im Bildungswesen, die durch diesen
Mangel an Zufluchtsräumen entstanden sind, brauchen wir neue
Lösungsmethoden. Oder umgekehrt: wir müssen zuerst die Orte
schaffen, an denen man solche Methoden finden kann.

Und was sind das für Orte?

Es sind Orte, an denen jeder in freiem Umgang und fried-
lichem Diskurs mit dem System den für sich am besten geeigneten Berührungspunkt finden kann. Orte, an denen der
Einzelne sich entfalten und frei atmen kann. Fern von Bürokratie, Rangordnungen, Effektivitätsdenken und Mobbing. Vereinfacht gesagt, geht es um eine warme, temporäre Zuflucht, die
jeder frei betreten und wieder verlassen kann. Orte, an denen
Individuum und Gemeinschaft sich entspannt begegnen und es
jedem selbst überlassen ist, welche Position er dort einnimmt.
Ich würde so etwas als »individuellen Schutzraum« bezeichnen.

Für den Anfang genügt ein kleiner Raum. Es muss nichts übertrieben Großes sein. Ein selbstgeschaffener kleiner Ort. Man könnte verschiedene Möglichkeiten praktisch ausprobieren und einen gelungenen Prototyp weiterentwickeln. So etwas kann einige Zeit dauern, aber eine solche Vorgehensweise scheint mir die beste und logischste zu sein. Solche Orte könnten spontan und überall entstehen.

Nicht infrage käme eine staatliche, institutionelle Lösung des Problems durch das Kultusministerium oder Ähnliches, denn das ginge völlig an der Sache vorbei und wäre eine Farce.

Für mich war es, im Nachhinein betrachtet, die Rettung, dass ich in der Schule mehrere gute Freunde fand und viele Bücher las.

Ich fraß alles Gedruckte in mich hinein, als würde ich es mit einer Schaufel in ein verzehrendes Feuer schippen. Ich verschlang und verdaute (vieles konnte ich vielleicht auch nicht verdauen) ein Buch nach dem anderen, jeden Tag, und so war in meinem Kopf kaum Platz für irgendetwas anderes. Mitunter glaube ich, dass das fast ein Glück für mich war. Denn hätte ich ernsthafter über das Gekünstelte, Widersprüchliche und Falsche um mich herum nachgedacht und mich den Dingen gestellt, die ich nicht einsehen konnte, wäre ich vielleicht in einer Sackgasse gelandet und Grübeleien anheimgefallen.

Durch die vielen verschiedenen Bücher, die ich verschlang, relativierte sich meine Weltsicht ganz von selbst, und so war die Teenagerzeit von großer Bedeutung für mich. Ich entwickelte eine komplexere Perspektive, indem ich die in den Büchern beschriebenen Gefühle nachempfand, in meiner Fantasie frei durch Zeit und Raum reiste, alle möglichen wunderbaren Landschaften sah und verschiedene Wortgebilde durch mich hindurchgehen ließ. Das heißt, ich betrachtete die Welt nicht mehr nur aus meiner Warte, sondern war auch in der Lage, meine eigene Weltsicht von außen wahrzunehmen.

Sieht man die Welt nur aus der eigenen Perspektive, schmort man zu sehr im eigenen Saft. Der Körper wird steif, die Beinarbeit wird mühsam, und die Beweglichkeit leidet. Aber wenn man es schafft, den eigenen Standpunkt aus mehreren Perspektiven zu betrachten, mit anderen Worten, sich auf andere Denksysteme einzulassen, nimmt die Welt an Plastizität und Flexibilität zu. Ein solcher Zugang zu ihr ist meiner Ansicht nach von höchster Bedeutung für unser Leben. Durch meine Lektüre habe ich eine reiche Ernte eingefahren.

Ohne diese vielen Bücher wäre mein Leben wahrscheinlich sehr viel kälter und ärmer gewesen. Der Akt des Lesens war die beste Schule für mich, sozusagen eine maßgeschneiderte Schule, eigens für mich erbaut und betrieben, an der ich viele wichtige Erfahrungen machte. Es gab dort weder lästige Vorschriften noch Beurteilungen noch den gnadenlosen Kampf um die Rangordnung. Natürlich auch kein Mobbing. Auch wenn ich Teil des großen »Systems« war, konnte ich mir dieses eigene andere »System« sichern.

Der »geschützte Raum«, den ich mir vorstelle, ist etwas ganz Ähnliches, aber natürlich nicht auf die Lektüre von Büchern beschränkt. Können manche Kinder sich nicht gut in den Schulalltag einfügen oder haben kein Interesse am Unterricht im Klassenzimmer, könnten sie die »Mauern des Systems« leicht überwinden, wenn ihnen ein auf ihre Bedürfnisse zugeschnittener »geschützter Raum« zur Verfügung stünde, eine Sphäre, in der sie ihnen angemessene Inhalte finden und ihren Möglichkeiten gemäß agieren könnten. Aber dazu müsste man ihren seelischen Zustand, ihre »individuelle Veranlagung« verstehen und bräuchte den Rückhalt eines Kollektivs oder der Familie, um diese einzuschätzen.

Da meine beiden Eltern Japanischlehrer waren (allerdings blieb meine Mutter nach der Heirat zu Hause), hörte ich nie ein Wort der Klage darüber, dass ich so viel las. Auch wenn sie vielleicht nicht ganz zufrieden mit meinen Noten waren, sagten sie nie, ich solle lieber für die Schule lernen, als andauernd Bücher zu lesen. Oder vielleicht sagten sie auch einmal etwas in dieser Richtung, aber wenn, dann habe ich es vergessen. Oft kann es also nicht vorgekommen sein. Dafür bin ich ihnen wirklich dankbar.

Ich wiederhole es noch einmal. Ich konnte einfach keinen Gefallen an der »Institution« Schule finden. Ganz gleich, wie viele hervorragende Lehrer ich hatte und wie viele wichtige Dinge ich lernen konnte, sie konnten die Langeweile nicht aufwiegen, die in den meisten Unterrichtsveranstaltungen herrschte. Gegen Ende meiner schulischen Ausbildung war ich so angeödet, dass ich glaubte, mich für mein ganzes Leben genug gelangweilt zu haben. Aber da irrte ich mich, denn in unserem Leben rieselt Langeweile gnadenlos vom Himmel herab – wenn sie nicht aus der Erde hervorsprudelt. Doch vielleicht werden sehr zurückgezogene Menschen, die die Schule nicht mögen und nicht mehr hingehen können, denen sie Schwierigkeiten bereitet, sogar häufig Schriftsteller. Schriftsteller sind nämlich Menschen, die sich ziemlich schnell eigene Welten im Kopf schaffen. Ich glaube, auch ich hörte im Unterricht nie richtig zu und war ständig in alle möglichen Tagträume versunken. Heute wäre aus mir vielleicht ein Schulverweigerer geworden. Doch da dies zu meiner Zeit glücklicher- oder unglücklicherweise noch kein Trend war, kam es mir überhaupt nicht in den Sinn, nicht zur Schule zu gehen.

Zu jeder Zeit und in jedem Land kommt der Fantasie wichtige Bedeutung zu. Das fundamentale Gegenteil von Fantasie ist die sogenannte »Effektivität«. Letzten Endes war es das Streben nach Effektivität, das Zehntausende von Menschen aus ihrer Heimat vertrieben hat. Die Vorstellung, Atomkraft sei eine effektive Methode der Energiegewinnung und deshalb gut, und der Mythos von ihrer Sicherheit, der in der Folge entstand, haben diese unwiderrufliche Katastrophe über unser Land gebracht. Man kann sie mit Recht als eine Niederlage unserer Fantasie bezeichnen. Doch auch jetzt ist es noch nicht zu spät. Wir müssen dem Einzelnen ein freies Denken ermöglichen, das ihm den Halt gibt, der gefährlichen und kurzsichtigen Wertschätzung von sogenannter »Effektivität« zu widerstehen. Und diesen Halt müssen wir auf die ganze Gemeinschaft ausweiten.

Was ich mir für die schulische Ausbildung wünsche, ist nicht die Förderung der Fantasie. Ihre Fantasie ist Sache der Kinder selbst und nicht der Lehrer oder der diversen Bildungseinrichtungen. Und schon gar nicht des Staates oder autonomer Bildungspläne. Nicht alle Kinder verfügen über eine reiche Einbildungskraft. So wie manche Kinder schneller laufen können als andere, verfügen einige über mehr Fantasie oder haben ganz andere Begabungen. Das ist ganz natürlich in einer Gesellschaft. Würde man aber die Förderung der Fantasie zu einem festen Lernziel erheben, käme nur wieder etwas Sonderbares dabei heraus.

Alles, was ich mir wünsche, ist, dass die Fantasie der Kinder, die welche haben, nicht erstickt wird. Jedes Kind sollte einen

Platz bekommen, an dem seine Individualität überleben kann, damit unsere Gesellschaft erfüllter und freier wird.

Das ist meine Meinung als Schriftsteller. Nicht, dass sie etwas ändern würde.

9 WELCHE FIGUREN SOLL ICH AUFTRETEN LASSEN?

Häufig werde ich gefragt, ob ich reale Personen als Vorbilder für meine Romanfiguren verwende. Nein, im Allgemeinen tue ich das nicht. Mittlerweile habe ich ziemlich viele Romane und Erzählungen geschrieben, aber dass ich von Anfang an plante, eine Figur an eine reale Person anzulehnen, ist nur zwei oder drei Mal vorgekommen. Der Gedanke, dass das Vorbild erkannt werden und die Darstellung Missfallen erregen könnte – insbesondere das der betreffenden Person selbst –, hätte mich beim Schreiben gestört. So handelte es sich nur um unbedeutende Nebenfiguren, und identifiziert wurden sie glücklicherweise nie. Auch wenn ich diese Charaktere ein wenig nach Vorbildern modelliert hatte, werden sie von anderen und wahrscheinlich nicht einmal von diesen selbst erkannt, weil ich sehr darauf geachtet habe, sie gründlich zu verändern.

Stattdessen kommt es viel häufiger vor, dass Leser von einer Figur, die ganz und gar meiner Fantasie entsprungen ist, fest glauben, sie habe ein Vorbild in der Wirklichkeit. Manchmal glaubt auch jemand, er oder sie sei das Vorbild für eine bestimmte

Figur. Somerset Maugham schrieb einmal, er sei zu seinem großen Erstaunen von einem Unbekannten, dessen Namen er noch nie gehört habe, verklagt worden, weil er ihn in einem seiner Romane als Vorbild verwendet habe. Somerset Maughams Charakterschilderungen sind sehr lebendig und treffend, bisweilen auch boshaft (oder, besser gesagt, sarkastisch). Vielleicht kam es zu einer so heftigen Reaktion, weil die Person sich beim Lesen eines dieser scharfzüngigen Porträts persönlich kritisiert oder verhöhnt fühlte.

Die Figuren in meinen Romanen entwickeln sich meist ganz spontan im Zuge der Handlung. Dass ich mich im Voraus für eine bestimmte Charakterisierung entscheide, kommt, abgesehen von wenigen Ausnahmen, kaum vor. Während ich schreibe, entsteht wie von selbst eine Art Gerüst der auftretenden Personen, an dem nacheinander verschiedene Details einfach hängen bleiben wie Eisenspäne an einem Magneten. Auf diese Weise ergibt sich irgendwann ein vollständiges Bild der Figur. Später wird dann häufig klar, dass dieses oder jenes Detail zu dieser oder jener Person passt. Aber dass ich von Anfang an beschließe, aus welchen Eigenschaften ich welche Figur zusammenstelle, kommt kaum vor. Das ergibt sich eher automatisch bei der Arbeit. Ich vermute, dass ich dazu unbewusst Versatzstücke und Informationen aus den Schubladen in meinem Gehirn nehme und zusammenfüge.

Hier spreche ich von meiner »Helferlein-Automatik«. Ich fahre in der Regel Schaltwagen, aber als ich einmal ein Fahrzeug mit Automatikgetriebe fuhr, war mir, als hauste darin eine Schar von kleinen Helfern, die das Schalten übernahm. So verspürte ich stets die leichte Furcht, dass sie es irgendwann satthaben könnten, ständig für jemand anderen zu arbeiten, und in einen

Streik treten würden. Und ich bliebe plötzlich mitten auf der Stadtautobahn liegen.

Sie lachen, aber bei der Entwicklung der Charaktere in meinen Romanen scheinen tatsächlich solche unbewussten »Helferlein« in mir am Werk zu sein (wenn vielleicht auch murrend). Ich formuliere nur die Sätze. Natürlich fügt sich das, was ich auf diese Weise geschrieben habe, nicht einfach zu einem Roman zusammen, sondern muss später viele Male überarbeitet und geändert werden. Die Tätigkeit des Überarbeitens ist weniger automatisch als vielmehr bewusst und logisch. Das Erstellen des Prototyps hingegen findet auf einer sehr unbewussten und unmittelbaren Ebene statt. Das muss auch so sein. Andernfalls entstünden unnatürliche und *leblose* Figuren. Daher bleibt der Anfangsprozess den »Helferlein« überlassen.

Ebenso wie man, um Romane zu schreiben, unbedingt viel lesen muss, sollte man, um Menschen schildern zu können, viele Menschen kennen.

Mit »kennen« ist dabei jedoch nicht gemeint, dass man sie auch richtig *verstehen* muss. Es genügt, festzuhalten, was an ihrer äußeren Erscheinung und ihren Verhaltensweisen ins Auge fällt. Dabei ist es wichtig, Menschen, die man mag, und auch solche, die man nicht so mag oder die einem, deutlicher ausgedrückt, zuwider sind, möglichst unvoreingenommen zu beobachten. Lässt man ausschließlich Personen auftreten, die man sympathisch findet, die man gut versteht oder zu denen man eine Beziehung hat, wird es den Romanen (auf längere Sicht) an Breite fehlen. Nur indem man verschiedene ungewöhnliche Menschen, die verschiedene ungewöhnliche Dinge tun, aufeinandertreffen lässt, kommt eine Situation in Bewegung, und eine

Geschichte kann sich entwickeln. Selbst wenn ich eine Person auf den ersten Blick nicht ausstehen kann, darf ich ihr nicht den Rücken kehren, sondern sollte mir merken, was ich an ihr nicht leiden kann und warum nicht.

Vor sehr langer Zeit – ich glaube, ich war damals Mitte dreißig – warf mir jemand vor, dass in meinen Romanen keine Bösewichte vorkämen. (Später erfuhr ich, dass Kurt Vonnegut jr. von seinem Vater offenbar einmal genau das Gleiche zu hören bekam.) Nach einigem Nachdenken fand ich, dass das stimmte, und versuchte bewusst, auch negative Charaktere in meinen Romanen auftreten zu lassen. Allerdings klappte es nicht so, wie ich es mir vorstellte. Denn damals neigte ich gefühlsmäßig eher dazu, geschlossene und – wie soll ich sagen? – harmonische Welten zu konstruieren, statt groß angelegte Geschichten. Ich brauchte diese sicheren eigenen Welten, um sie der rauen Realität als Zuflucht entgegenzusetzen.

Doch mit zunehmendem Alter – vielleicht auch mit zunehmender Reife als Mensch und Autor – stellte sich diese Fähigkeit allmählich von selbst ein, und mittlerweile bin ich in der Lage, auch negative und problematische Charaktere zu entwickeln. Wie kam es dazu? Zunächst stellte sich mir die Aufgabe, meine Romanwelt in groben Zügen zu entwerfen, sie vernünftig zum Funktionieren zu bringen. In der nächsten Phase musste ich sie erweitern, vertiefen und ihr mehr Dynamik verleihen. Dazu musste ich die Figuren vielschichtiger machen und ihren Handlungsspielraum vergrößern. All das empfinde ich inzwischen als unabdingbar.

Zusätzlich habe ich natürlich auch Lebenserfahrung gesammelt – das ist unvermeidlich. Wer mit dreißig Jahren Berufsschriftsteller wird, der ist fortan, ob es ihm nun gefällt oder nicht, eine Person des öffentlichen Lebens und damit häufig starkem Druck ausgesetzt. Ich selbst bin kein Typ, der je freiwillig vor die Öffentlichkeit treten würde, aber mitunter wird man gegen seinen Willen dazu gedrängt. Man muss Dinge tun, die man nicht tun will, oder wird von Menschen hintergangen, mit denen man eng befreundet war. Manche schmeicheln dem Autor, um etwas zu erreichen, während andere ihn grundlos mit Schmähungen überhäufen. Man bekommt so allerlei zu hören, Wahres und Falsches. Außerdem erlebt man die seltsamsten Dinge, die man sich nie hätte vorstellen können.

Sooft ich mit solchen negativen Erlebnissen konfrontiert war, bemühte ich mich, die Verfassung und das Verhalten der Beteiligten genau zu beobachten. Wenn man schon diese Unannehmlichkeiten hat, sollte man zumindest einen Nutzen daraus ziehen. (Zu irgendetwas muss das ja gut sein.) Natürlich war ich verletzt und deprimiert, aber inzwischen weiß ich, dass solche Erfahrungen für mich als Schriftsteller eine Menge Stoff enthalten. Es gab gewiss auch genügend Erfreuliches und Heiteres, aber aus irgendeinem Grund sind es heute auf jeden Fall die negativen Erlebnisse, an die ich mich besser erinnere als an die positiven. Die Dinge, an die ich mich eigentlich gar nicht so gern erinnern möchte. Vielleicht liegt es daran, dass ich aus ihnen mehr gelernt habe.

Bei genauerer Betrachtung verfügen die meisten meiner Lieblingsromane über eine Vielzahl interessanter Nebenfiguren. Zuerst fällt mir da *Die Dämonen* von Dostojewski ein. Wer diesen Roman gelesen hat, weiß, dass es darin von kuriosen Nebendarstellern nur so wimmelt. Er ist sehr umfangreich, und dennoch erlahmt das Interesse des Lesers nicht. Schillernde Persönlichkeiten – »Was ist denn das für einer?«, fragt man sich ständig –

und eine skurrile Figur nach der anderen treten in Erscheinung. Dostojewski musste eine Menge Schubladen in seinem Gehirn haben.

In der japanischen Literatur sind es die mannigfaltigen Figuren in Natsume Sosekis Romanen, die den Leser in ihren Bann schlagen. Selbst Charaktere, die nur einen kurzen Auftritt haben, besitzen eine sehr eigene und lebendige Aura. Schon die kleinste Bemerkung oder Geste einer solchen Figur hat die Macht, sich im Herzen des Lesers einzunisten. An Sosekis Romanen bewundere ich seit jeher, dass er niemals behelfsmäßige Figuren einführt, nur weil sie an einer bestimmten Stelle gebraucht werden. Seine Romane sind keine Kopfgeburten, sondern verfügen über eine einmalige sinnliche Präsenz. Er hat jeden einzelnen Satz *mit Herzblut geschrieben*. Seine Romane sind absolut glaubwürdig. Man kann sie beruhigt lesen.

Eine der erfreulichsten Seiten am Schreiben von Romanen ist für mich die Vorstellung, jede Person sein zu können, die ich sein will.

Zuerst schrieb ich etwa zwanzig Jahre lang in der ersten Person *boku**. In Kurzgeschichten verwendete ich mitunter auch die dritte Person, aber in Romanen blieb ich *boku* stets treu. Natürlich ist *boku* nicht gleich Haruki Murakami (ebenso wenig wie Philip Marlowe Raymond Chandler ist), und in jedem dieser Romane änderte sich der Charakter von *boku*, doch wenn man ständig in der ersten Person schreibt, lässt es sich gar nicht vermeiden, dass die Grenze zwischen dem realen Ich und

---

* Ein Ich-Pronomen, das für gewöhnlich von jüngeren Männern im zwanglosen Umgang verwendet wird und früher in der Romanliteratur nicht üblich war (Anm. d. Übers.)

dem des Romanhelden hin und wieder – sowohl für den Autor als auch für den Leser – verschwimmt.

Anfangs war das trotzdem kein Problem, denn das fiktive Ich diente mir in erster Linie dazu, die Romanwelt in Gang zu setzen und auszubauen. Doch mit der Zeit stellte ich fest, dass mir das nicht mehr genügte. Besonders wenn ein Roman umfangreicher wurde, empfand ich *boku* als einengend und erdrückend. In *Hard-boiled Wonderland und das Ende der Welt* (1985) unterteilte ich die erste Person abwechselnd nach Kapiteln in *boku* und *watashi** und machte damit den Versuch, diese Grenzen zu sprengen.

Der letzte Roman, den ich ausschließlich in der ersten Person verfasste, war *Mister Aufziehvogel* (1994/95). Aber je länger er wurde, desto schwieriger wurde es, ausschließlich aus der Ich-Perspektive zu erzählen, und ich versuchte das Problem mithilfe verschiedener Techniken zu lösen. Ich fügte Erzählungen und Berichte anderer Figuren ein, lange Briefe usw., um die strukturellen Grenzen der ersten Person zu durchbrechen. Dennoch gab es Stellen, an denen diese Grenzen weiter spürbar waren. Deshalb ging ich in meinem nächsten Roman, *Kafka am Strand*, (2002) dazu über, die Hälfte der Geschichte in der dritten Person zu erzählen. Die Kapitel über den Jungen Kafka gestaltete ich wie bisher aus der Ich-Perspektive, die übrigen Kapitel wurden in der dritten Person erzählt. Es war ein Kompromiss, aber ich glaube, durch die Einführung der dritten Person, wenn auch nur in der Hälfte des Textes, gelang es mir, dem Roman mehr Breite zu verleihen. Zumindest hatte ich beim Schreiben das Gefühl, auf

---

* Ein förmlicheres Pronomen für »ich« (Anm. d. Übers.)

der technischen Ebene freier geworden zu sein, als ich es noch bei *Mister Aufziehvogel* gewesen war.

Die Kurzgeschichtensammlung, die ich danach schrieb[*], und der etwas kürzere Roman *Afterdark* sind vollständig in der dritten Person gehalten. Ich wollte mich vergewissern, dass ich die dritte Person richtig beherrschte. Es war, als würde ich einen eben gekauften Sportwagen auf einer Gebirgsstraße ausprobieren, um ein Gefühl für die Straßenlage zu bekommen. So hatte ich nach meinem Debüt fast zwanzig Jahre gebraucht, bis ich mich von der Ich-Perspektive lösen und einen Roman in der dritten Person schreiben konnte. Eine sehr lange Zeit, nicht wahr?

Warum hatte ich für diesen Wechsel so lange gebraucht? Den genauen Grund dafür kenne ich selbst nicht. Vielleicht hatte ich mich einfach nur physisch und psychisch daran gewöhnt, in der ersten Person zu schreiben. Und brauchte deshalb Zeit für eine Veränderung. In einem weiteren Sinn bedeutete sie für mich vielleicht weniger einen Wechsel des Personalpronomens als einen grundsätzlichen Wechsel in der Perspektive.

Ich bin in jeglicher Hinsicht ein Mensch, der für die meisten Dinge viel Zeit braucht. Zum Beispiel konnte ich mich besonders früher oft lange nicht entscheiden, welche Namen ich meinen Figuren geben sollte. Bei solchen wie »Ratte« oder »Jay« ging es ja noch, aber richtige Namen, komplett mit Vor- und Nachnamen, fielen mir schwer. Wenn Sie mich fragen, woran das gelegen habe, kann ich Ihnen keine Antwort geben. Ich kann

---

[*] Die fünf Erzählungen in dieser Sammlung (Originaltitel: *Tokyo Kitanshū*, dt. etwa: »Geheimnisvolle Geschichten aus Tokio«) sind in dem Band *Blinde Weide, schlafende Frau* erschienen (Anm. d. Übers.)

nur sagen, dass es mir peinlich ist, Leuten Namen zu geben. Ich kann es nicht genau erklären, aber irgendwie kommt es mir nicht richtig vor, anderen eigenmächtig einen Namen aufzudrücken (auch wenn es sich um fiktive Charaktere handelt, die ich selbst erfunden habe). Zu Anfang war es sogar so, dass das Schreiben an sich für mich etwas Peinliches hatte. Wenn man einen Roman schreibt, ist es so, als würde man sich vor anderen entblößen, was ich beschämend fand.

Erst seit meinem Roman *Naokos Lächeln* (1987) statte ich meine Hauptfiguren mit vollständigen Namen aus. Die ersten acht Jahre bis dahin schrieb ich in der ersten Person, Nebenfiguren hatten meist keine Namen. Im Nachhinein betrachtet, zwang ich mir ein einengendes, umständliches System auf, aber damals machte mir das nichts aus. Hm, so ist das eben, dachte ich.

Als meine Romane jedoch umfangreicher und komplexer wurden, spürte ich allmählich, wie es mich einschränkte, dass die handelnden Figuren keine Namen hatten. Mit zunehmendem Personeninventar entsteht auf diese Weise ein echtes Durcheinander. Also gab ich auf, stellte mich der Situation und entschloss mich zur »Namensgebung«, als ich *Naokos Lächeln* schrieb. Es war nicht leicht, aber ich sagte mir: »Augen zu und durch.« Später fiel es mir dann nicht mehr so schwer, meinen Charakteren Namen zu geben. Heute geschieht das fast mühelos. Bei *Die Pilgerjahre des farblosen Herrn Tazaki* (2013) steht der Name des Helden sogar im Titel. Von dem Zeitpunkt an, als ich der Heldin von *1Q84* (2009/2010) den Namen Aomame gab, machte die Geschichte starke Fortschritte. Namen wurden ein wichtiger Faktor für meine Romane.

Wann immer ich mit einem neuen Roman anfange, setze ich mir ein oder zwei konkrete Ziele – meist praktischer, sichtbarer

Natur –, die ich in Angriff nehmen will. Mir gefällt es, auf diese Weise zu schreiben. Es gibt mir das konkrete Gefühl, mich als Autor zu entwickeln, indem ich neue Aufgaben löse und Dinge meistere, zu denen ich bisher nicht imstande war. Als würde ich Stufe für Stufe eine Leiter hinaufsteigen. Das Großartige daran, Schriftsteller zu sein, ist, dass man auch noch mit fünfzig oder sechzig die Möglichkeit hat, sich zu entwickeln und zu erneuern. Es gibt da keine Altersbegrenzung. Bei Sportlern funktioniert das nicht.

Indem ich die dritte Person einführte, die Anzahl der Figuren erhöhte und jeder einzelnen einen Namen gab, steigerte ich das Potenzial meiner Geschichten. Ich ließ Figuren verschiedenster Couleur mit den unterschiedlichsten Meinungen und Weltbildern auftreten und beschrieb sie in all ihrer Vielfalt. Das Wunderbarste dabei war, dass ich zu fast jedem werden konnte. Als ich in der ersten Person schrieb, empfand ich das auch so, aber in der dritten Person wurde die Auswahl auf einen Schlag noch viel größer.

Wenn ich in der ersten Person schreibe, begreife ich das Ich des Helden (oder des Erzählers) in der Regel als eine Möglichkeit der Ich-Erweiterung. *Boku* ist nicht mein »wirkliches Ich«, aber wenn ich Ort und Zeit ändere, kann ich ihm meine Gestalt geben. Ich spalte mich sozusagen auf. Und indem ich mich aufspaltete und in die Geschichte hineinwarf, analysierte ich den Menschen, der ich war, und erforschte die Berührungspunkte zwischen mir und anderen – oder zwischen mir und der Welt. Am Anfang passte diese Art zu schreiben zu mir. Auch viele meiner Lieblingsromane waren in der ersten Person geschrieben.

Zum Beispiel *Der große Gatsby* von Scott Fitzgerald: Jay Gatsby ist der Held des Romans, aber Erzähler bleibt bis zum Schluss ein junger Mann namens Nick Carraway. Mittels der seltsamen, aber dramatischen Wandlung in der Beziehung zwischen dem Ich-Erzähler und Gatsby schildert Fitzgerald seine eigene Verfassung. Diese Sichtweise verleiht der Geschichte ihre Tiefe.

Doch dadurch, dass die Geschichte aus Nicks Perspektive erzählt wird, unterliegt der Roman auch einer praktischen Begrenzung. Denn es ist schwierig, Dinge wiederzugeben, die außerhalb von Nicks Blickwinkel geschehen. Fitzgerald wendet verschiedene narrative Techniken an, um diese Begrenzung aufzulösen. Natürlich macht das den Roman hochinteressant, doch andererseits hat ein erzähltechnischer Rahmen wie dieser natürlich seine eigenen Grenzen. Tatsächlich schrieb Fitzgerald später nie wieder einen so konstruierten Roman wie *Der große Gatsby*.

Salingers *Der Fänger im Roggen* ist ebenfalls ein meisterhaft konzipierter Ich-Roman, doch auch dieser Autor legte danach kein in ähnlicher Weise verfasstes Werk vor. Ich vermute, er wie auch Fitzgerald fürchteten, es könnte aufgrund struktureller Begrenzungen etwas herauskommen, das sich im Kern nicht wesentlich von den Vorgängern unterscheiden würde. Und mit dieser Einschätzung hatten sie wahrscheinlich recht.

Bei einer Reihe wie Chandlers Marlowe-Romanen hingegen kann die Beschränkung auf eine Figur zur vertrauten Routine werden und gut funktionieren (das war bei mir am Anfang vielleicht auch mit »Ratte« der Fall); dennoch kommt es häufig vor, dass die Einschränkungen, welche die erste Person mit sich bringt, dem Autor von Einzelwerken mit der Zeit den Atem nehmen, ihm geht buchstäblich die Luft aus. Deshalb bemühte ich mich, die Form des Ich-Romans von verschiedenen Seiten her aufzulockern und mir neue Bereiche zu erschließen, aber bei *Mister Aufziehvogel* bekam ich deutlich zu spüren, dass ich allmählich an meine Grenzen stieß.

So schrieb ich also die Hälfte von *Kafka am Strand* in der dritten Person. Eine Erleichterung waren auch die Erzählstränge von Nakata (dem seltsamen Alten) und Hoshino (dem hartgesottenen Lastwagenfahrer), die die Handlung parallel zur Geschichte des Helden Kafka vorantrieben. Durch sie versetzte ich mich in die Lage, ähnlich wie bei einer Aufspaltung des Ichs dieses Ich auf andere zu projizieren. Ich konnte, genauer gesagt, *die Facetten dieses Ichs auf andere Figuren übertragen.* Dadurch erweiterten sich die Kombinationsmöglichkeiten enorm. Und auch die Geschichte ließ sich komplexer verzweigen und in verschiedenste Richtungen ausdehnen.

Hätte ich mir die dritte Person früher erschlossen, wäre ich vielleicht schneller vorangekommen, wird es nun heißen, aber so einfach funktioniert das nicht. Mitunter ist man innerlich noch nicht bereit für einen Wechsel, aber wenn man die Erzählperspektive ändert, greift man sehr stark in die Konstruktion eines Romans ein und muss, um diesen Wandel zu beherrschen, erzähltechnisch sehr sicher sein und einen langen Atem haben. Daher lässt er sich nur stufenweise vollziehen, und man muss dabei die Gesamtsituation sorgsam im Auge behalten. Um ein sportliches Ziel zu erreichen, kann man seine Statur und seine Muskeln auch nur langsam aufbauen. Und eine körperliche Umstrukturierung braucht Zeit und Kraft.

Seit dem Jahr 2000 hatte ich also die dritte Person als neues Gefährt für mich gewonnen und konnte erzähltechnisch ein neues Reich betreten. Ich empfand ein starkes Gefühl der Befreiung. Es war, als würde ich mich umschauen und hätte plötzlich freie Sicht, wo zuvor Mauern gestanden hatten.

Es ist unnötig zu erwähnen, aber natürlich sind die Figuren ein ganz entscheidender Faktor für einen Roman. Ein Romancier muss Figuren in den Mittelpunkt seines Werkes – oder in die Nähe des Mittelpunkts – stellen, die interessant und bis zu einem gewissen Grad in ihrem Verhalten nicht vorhersehbar sind. Ein Roman, in dem verständliche Menschen verständliche Dinge sagen und tun, wird keine große Leserschaft anziehen. Natürlich gibt es Menschen, die auf Romane schwören, in denen ganz normale Vorkommnisse auf ganz normale Weise geschildert werden, aber ich persönlich kann daran überhaupt nichts Interessantes finden.

Abgesehen davon, wie glaubwürdig, interessant und weitgehend unvorhersehbar eine Figur ist, halte ich es für besonders wichtig, inwieweit sie die Geschichte lenkt. Schöpfer der Figuren ist natürlich der Autor, aber wirklich lebendige Figuren trennen sich an einem gewissen Punkt von ihrem Autor und beginnen eigenständig zu agieren. Das gebe nicht nur ich offen zu, sondern zahlreiche Romanschriftsteller tun das. Tritt dieses Phänomen nicht ein, wird es eine ziemlich beschwerliche und strapaziöse Angelegenheit, mit einem Roman weiterzumachen. Ist er jedoch auf einem guten Weg, beginnen die Figuren sich von allein zu bewegen und entwickeln ein Eigenleben. Nun ist der Autor in der glücklichen Lage, nur noch formulieren zu müssen, was sich vor ihm abspielt. In einigen Fällen nimmt die Figur den Autor sogar an die Hand und führt ihn in völlig ungeahnte Gefilde.

Erlauben Sie mir, ein konkretes Beispiel aus einem meiner jüngeren Romane hinzuzuziehen. In *Die Pilgerjahre des farblosen Herrn Tazaki* tritt eine bezaubernde Dame mit dem Namen Sara Kimoto auf. Ehrlich gesagt, hatte ich diesen Roman ursprünglich in der Absicht begonnen, eine Erzählung von ungefähr sechzig Manuskriptseiten zu schreiben.

Die Handlung sollte in groben Zügen so verlaufen: Der Held Tsukuru Tazaki aus Nagoya bekommt von seinen vier besten Freunden aus der Oberschule gesagt, dass sie ihn nie wieder sehen und nie mehr mit ihm sprechen wollen. Den Grund dafür sagen sie ihm nicht, und er wagt nicht, danach zu fragen. Er studiert in Tokio, arbeitet anschließend für eine Eisenbahngesellschaft und ist nun sechsunddreißig Jahre alt. Dass seine Freunde aus der Oberschule ihn verstoßen haben, ohne ihm den Grund zu nennen, hat eine tiefe Wunde in seinem Herzen hinterlassen, was er jedoch verbirgt. Er führt ein ruhiges Leben. Bei seiner Arbeit geht alles gut, er wirkt sympathisch auf andere und hat von Zeit zu Zeit auch eine Freundin. Doch er ist außerstande, eine tiefere Bindung einzugehen. Dann begegnet er der zwei Jahre älteren Sara und verliebt sich in sie.

Ungeplant erzählt er Sara von dem Bruch mit seinen vier besten Schulfreunden. Sara überlegt und empfiehlt Tsukuru, sofort nach Nagoya zurückzukehren und herauszufinden, was vor acht Jahren geschehen ist. »Du wirst nicht sehen, was du sehen willst, sondern sehen, was du sehen musst«, sagt sie.

Tatsächlich hatte ich nicht einmal daran gedacht, Tsukuru Tazaki zu diesen vier Freunden fahren zu lassen, bis Sara es sagte. Ich hatte eine vergleichsweise kurze Geschichte schreiben wollen, in der Tsukuru Tazaki mit dem Geheimnis leben muss, ohne den Grund zu kennen, aus dem er verstoßen worden war.

Aber durch Saras Rat (ich schrieb nur auf, was sie zu Tsukuru sagte) war ich gezwungen, ihn nach Nagoya fahren zu lassen, und dann sogar nach Finnland. Nun gab es da plötzlich vier Personen, und ich musste jede einzelne von ihnen ausgestalten und das Leben schildern, das sie inzwischen führte. Daher beschloss ich, aus der Geschichte einen Roman zu machen.

So hatte diese eine Bemerkung von Sara jäh Ausrichtung, Charakter, Gestaltung und Struktur der Geschichte über den Haufen geworfen. Das war selbst für mich eine Überraschung. Im Nachhinein betrachtet, war diese Äußerung gar nicht an den Helden Tsukuru Tazaki, sondern an mich, den Autor, gerichtet. »Du musst die Geschichte weiterschreiben, denn du hast dir bereits die Macht dazu angeeignet, indem du ihr Reich betreten hast.« Demnach war auch Sara zu einer Projektion eines meiner Ichs geworden. Als ein Aspekt meines Bewusstseins sagte sie mir, dass ich an dem Punkt, an dem ich jetzt sei, nicht haltmachen dürfe, und befahl mir, mich weiter hineinzustürzen. In dieser Hinsicht hat *Die Pilgerjahre des farblosen Herrn Tazaki* keine geringe Bedeutung für mich. Formal handelt es sich um einen sogenannten »realistischen Roman«, aber ich selbst bin der Ansicht, dass sich darin sehr viel Komplexes und Metaphorisches unter der Oberfläche abspielt.

Die Charaktere in meinen Romanen drängen und ermutigen mich zu Dingen, die über das, was mir bewusst ist, hinausgehen, und geben mir Anstöße. Bei *1Q84* spürte ich das ganz intensiv, wenn ich an den Episoden mit Aomame arbeitete. Es war, als würde sie mich mit Gewalt voranschieben. Rückblickend ist es häufiger vorgekommen, dass ich von weiblichen Figuren gelenkt und angespornt wurde als von männlichen. Warum, weiß ich nicht.

Was ich sagen will, ist, dass ein Autor, wenn er einen Roman schafft, von diesem gleichsam selbst erschaffen wird.

Mitunter werde ich gefragt, warum ich keine Romane schreibe, in denen die Protagonisten im selben Alter seien wie ich. Ich bin Mitte sechzig, warum also schreibe ich keine Geschichte über jemanden in meinem Alter? Warum erzähle ich nicht vom Leben eines älteren Menschen? Das ist doch kein natürliches Verhalten für einen Autor.

Diese Einstellung ist mir unverständlich. Warum *muss* ein Autor über Menschen schreiben, die so alt sind wie er selbst? Wieso wäre dies das »natürliche Verhalten«? Wie gesagt, ist eines der faszinierendsten Dinge am Schreiben für mich, dass ich sein kann, wer immer ich sein möchte. Warum sollte ich auf dieses wundervolle Privileg verzichten?

Als ich *Kafka am Strand* schrieb, war ich etwas über fünfzig, mein Held jedoch ein fünfzehnjähriger Junge. Und beim Schreiben fühlte ich mich wie ein fünfzehnjähriger Junge. Natürlich ist das nicht dasselbe, wie ein fünfzehnjähriger Junge zu sein. Letztlich transportierte ich ein imaginäres Gefühl in die Gegenwart. Beim Schreiben gelang es mir, genau die Luft, die ich mit fünfzehn geatmet hatte, und genau das Licht, das ich mit fünfzehn gesehen hatte, in mir lebendig werden zu lassen. Kraft meines Textes konnte ich längst verschüttete Empfindungen freilegen. Diese Erfahrung war im wahrsten Sinne des Wortes fantastisch, ein Genuss, der vielleicht Schriftstellern vorbehalten ist.

Aber durch die Freude an diesem »Fantastischen« allein entsteht noch kein Werk. Man muss sie in Beziehung setzen und ihr eine Form geben, in der man sie mit den Lesern teilt. Deshalb ließ ich den »alten«, Mitte sechzigjährigen Nakata auftreten, der ebenfalls als eine Art Projektion und Alter Ego von mir angelegt ist. Kafka und Nakata ergänzen sich, und durch ihre Gegenüberstellung erlangt der Roman sein stabiles Gleichgewicht. Zumindest empfand ich als Autor es so, und daran hat sich bis heute nichts geändert.

Vielleicht werde ich eines Tages einen Roman mit einem Protagonisten in meinem Alter schreiben. Doch im Moment halte ich das nicht für unbedingt erforderlich. Die Idee für einen Roman kommt bei mir immer sehr plötzlich. Und aus dieser Idee entwickelt sich auf ganz natürliche Weise und aus sich selbst heraus eine Geschichte, die – ich habe es bereits beschrieben – letzten Endes selbst entscheidet, welche Figuren in ihr auftreten. Nicht ich denke nach und entscheide, sondern ich, der Schriftsteller, folge als gewissenhafter Kopist ihren Vorgaben.

Vielleicht bin ich irgendwann eine Zwanzigjährige mit lesbischen Neigungen. Oder ein dreißigjähriger arbeitsloser Hausmann. Dann schlüpfe ich in die jeweiligen mir dargebotenen Schuhe und eröffne die Handlung. Das ist alles. Statt die Schuhe der Größe meiner Füße anzupassen, passe ich meine Füße den Schuhen an. In der Realität funktioniert das natürlich nicht, aber wenn man lange als Schriftsteller arbeitet, fällt einem das ganz natürlich zu. Denn so funktioniert Fiktion. Und Fiktion ist mit dem zu vergleichen, was im Traum passiert. Im Traum – das gilt für Träume im Schlaf wie auch für Tagträume – gibt es so gut wie keinen Raum für Alternativen. Das heißt, ich folge grundsätzlich nur dem Fluss der Imagination. Und solange ich diesem Fluss folge, kann ich Dinge, die ich eigentlich gar nicht kann. Einfach so. Auch das ist eine der großen Freuden des Romanschriftstellers.

Jedes Mal, wenn man mir die Frage stellt, warum ich keinen Roman mit einem Helden in meinem Alter schreibe, würde ich gerne so antworten. Allerdings scheint mir diese Erklärung etwas zu lang, und ich glaube auch nicht, dass andere sie mühelos verstehen, weshalb ich in der Regel auf eine Notlüge ausweiche. »Ja, da haben Sie recht«, sage ich dann und lächle. »Vielleicht werde ich bald etwas in dieser Richtung schreiben.«

Doch abgesehen davon, wer in einem Roman auftritt und wer nicht, ist es auch ganz allgemein gesprochen eine ziemlich schwierige Aufgabe, ein »Ich im Hier und Jetzt« unvoreingenommen und genau zu beobachten. Ein in der Entstehung begriffenes Ich ist sehr schwer zu fassen. Genau deshalb schlüpfe ich in Schuhe, die nicht meine Größe haben, damit es mir auf diese Weise vielleicht gelingt, dieses Ich im Hier und Jetzt in seiner Komplexität zu erforschen. Genau so, als würde ich seine Position trigonometrisch vermessen.

In jedem Fall habe ich noch viel über die Charaktere in meinen Romanen zu lernen und zugleich auch eine Menge *von* ihnen. Ich will in meinen Romanen noch vielen seltsamen und geheimnisvollen Figuren aller Art Leben einhauchen. Wenn ich einen neuen Roman beginne, bin ich immer sehr aufgeregt. Denn jedes Mal frage ich mich, wem ich diesmal wohl über den Weg laufen werde.

10 FÜR WEN SCHREIBE ICH?

In Interviews werde ich häufig gefragt, für welchen Typ Leser ich schreibe. Die Antwort fällt mir jedes Mal schwer. Eigentlich schrieb ich von Anfang an nicht im Bewusstsein, *für jemanden* zu schreiben, und ich tue es auch jetzt nicht.

In Wahrheit schreibe ich vor allem für mich selbst. Als ich nachts am Küchentisch an meinem ersten Roman, *Wenn der Wind singt*, arbeitete, hätte ich nie gedacht, dass er einmal eine allgemeine Leserschaft erreichen könnte. Ich schrieb hauptsächlich, um mich »wohlzufühlen«. Ich wollte gewisse Bilder, die in mir existierten, mittels einer präzisen Sprache in Text verwandeln. Mehr hatte ich nicht im Sinn. Darüber nachzudenken, wer nun diesen Roman (oder was auch immer es war) lesen würde oder ob diesen Menschen das, was ich geschrieben hatte, zusagen würde oder welche literarische Botschaft darin liegen würde, war zu kompliziert. Dazu hatte ich gar keinen Raum. Aber das musste ich ja auch nicht. Es war eine ganz klare, saubere oder, besser gesagt, eine einfache Sache.

Ich frage mich, ob ich mich nicht auch gewissermaßen »selbst therapierte«. Denn jede kreative Beschäftigung schließt mehr oder weniger das Vorhaben ein, sich zu verändern. Indem man sein Ich relativiert und die eigene Psyche zu anderen Formen in Beziehung setzt, werden verschiedene Widersprüche, Brüche und Zerrbilder, die sich im Laufe eines Lebens unweigerlich eingestellt haben, aufgelöst oder sublimiert. Wenn alles gut geht, teilt man dieses Geschehen mit dem Leser. Es war mir nicht konkret bewusst, aber vielleicht war ich damals intuitiv auf der Suche nach Selbstreinigung und empfand deshalb spontan das Bedürfnis zu schreiben.

Aber mein Werk bekam einen Preis, wurde als Buch veröffentlicht und besprochen, verkaufte sich einigermaßen, und im Nu war ich Schriftsteller. Damit blieb mir keine Wahl, als die Existenz meiner Leser anzuerkennen. Mein Buch stand mit meinem Namen auf dem Umschlag in den Regalen der Buchhandlungen, und eine unbestimmte Zahl von Menschen konnte es herausnehmen und lesen, was einen gewissen Druck auf mich ausübte. Allerdings änderte sich meine Grundeinstellung dadurch kaum. Ich schrieb weiter zu meinem eigenen Vergnügen. Solange ich Freude am Verfassen meiner Werke hatte, gab es ganz sicher auch irgendwo Leser, die Freude daran hatten, sie zu lesen. Vermutlich war ihre Zahl nicht besonders hoch, aber das machte ja nichts. Vorläufig genügte es mir, von wenigen Menschen verstanden zu werden.

Nach *Wenn der Wind singt* schrieb ich in optimistischer, unbeschwerter Stimmung *Pinball 1973* und dann die Kurzgeschichten »Frachtschiff nach China« und »Känguruwetter«. Zu jener Zeit hatte ich noch einen (Haupt-)Beruf und führte dank dieses Einkommens ein Leben ohne Engpässe. Schreiben war damals noch eine Art Hobby für mich, das ich in meiner Freizeit betrieb.

Ein renommierter Literaturkritiker (er ist bereits verstorben) verriss meinen ersten Roman, *Wenn der Wind singt*. »Es ist schlimm, wenn etwas Derartiges für Literatur gehalten wird«, bemerkte er. Aber ich machte mir nicht viel daraus. So konnte man es eben auch sehen. Ich verspürte weder Abneigung gegen ihn, noch war ich verärgert. Sein und mein Verständnis von Literatur gingen von vornherein sehr weit auseinander. Außerdem dachte ich nie auch nur im Geringsten darüber nach, ob mein Roman ideologisch war, gesellschaftlich relevant, fort- oder rückschrittlich oder Hochliteratur. Ich schrieb, weil es mir Spaß machte, und so etwas ging einfach an mir vorbei. In *Wenn der Wind singt* kommt ein fiktiver Autor namens Derek Hartfield vor. Einer seiner Romane trägt den Titel *What's Wrong About Feeling Good?*, und das war die Einstellung, die sich damals in mir festgesetzt hatte. Genau: Was war falsch daran, sich wohlzufühlen?

Aus heutiger Sicht klingt das ziemlich schlicht oder sogar unvernünftig, aber damals war ich noch jung (Anfang dreißig). Außerdem lag die Zeit der Studentenbewegung noch nicht lange zurück, und ihr rebellischer Geist war noch stark in mir, weshalb ich weiter eine streng antiautoritäre, gegen das Establishment gerichtete Haltung pflegte (und auch wenn das vielleicht ein wenig aufsässig und kindisch war, erscheint mir das Ergebnis in der Rückschau doch positiv).

Zu der Zeit, als ich *Wilde Schafsjagd* schrieb, zeichnete sich allmählich ein Wandel in meiner Einstellung ab. Mir wurde klar, dass ich als Schriftsteller in eine Sackgasse geraten würde, wenn ich weiter allein nach dem Motto »Was ist falsch daran, sich wohlzufühlen?« schriebe. Selbst Leser, die diesen Stil als »frisch und originell« favorisierten, würden irgendwann abspringen –

»Oh nein, nicht schon wieder!« –, wenn ich ihnen ewig nur dasselbe vorsetzte. Und außerdem bekäme ich selbst es auch satt, so zu schreiben.

Eigentlich wollte ich gar nicht unbedingt diese Art von Romanen schreiben, ich konnte nur einfach nicht anders. Ich schrieb in diesem Stil, weil ich noch nicht über genügend literarisches Können verfügte, um einen ausgewachsenen Roman in Angriff zu nehmen. Und mein reduzierter Stil hatte sich zufällig als originell und frisch erwiesen. Doch da ich nun tatsächlich Schriftsteller war, hätte ich gern einen umfassenderen Roman von größerer Tiefe geschrieben. »Umfassend und tief« soll nicht heißen, dass ich einen literarisch *ambitionierten* Roman oder gar Mainstream-Literatur schreiben wollte. Ich wollte etwas schreiben, mit dem ich mich wohlfühlte und das zugleich durchschlagende Kraft besaß. Mittlerweile hatte ich die Vorstellung, nicht nur die Bilder in mir intuitiv und bruchstückhaft in Worte zu fassen, sondern auch meine Ideen und Bewusstseinsinhalte komplexer und plastischer zu formulieren.

Im Jahr zuvor war der Roman *Coin Locker Babys* von Ryu Murakami erschienen und hatte mich stark beeindruckt. Aber so etwas kann nur Ryu Murakami schreiben. Ich las auch mehrere Romane von Kenji Nakagami, die mir ebenfalls sehr gefielen. Aber auch hier war mir klar: So kann nur Nakagami schreiben. Jedenfalls war das, was ich schreiben wollte, etwas anderes. Natürlich musste ich als Autor einen eigenen Weg einschlagen. Ich musste etwas schreiben, das nur ich schreiben konnte. Dabei musste ich die Stärken im Kopf behalten, die diese früheren Werke auszeichneten.

Mit *Wilde Schafsjagd* hatte ich vor, mich dieser Herausforderung professionell zu stellen. Ich wollte diesem Roman Tiefe und Gewicht geben, möglichst ohne den literarischen Stil, den ich für mich gefunden hatte, mit unnötiger Schwere zu belasten, ohne seinen »Charme« zu beeinträchtigen (mit anderen Worten: ohne mich des Instrumentariums der sogenannten »Hochliteratur« zu bedienen). Das war mein Grundkonzept. Dazu musste ich meiner Geschichte einen scharf umrissenen Rahmen geben. Und wenn ich sie zum Mittelpunkt machte, würde auf alle Fälle eine längerfristige Aufgabe daraus. Es wäre nicht mehr möglich, mir die Zeit dafür neben meinem »Hauptberuf« abzuknapsen. Also verkaufte ich, bevor ich anfing, *Wilde Schafsjagd* zu schreiben, die Bar und wurde Schriftsteller von Beruf. Damals verdiente ich mehr mit der Bar als mit dem Schreiben, doch ich beschloss kühn, auf diese Einkünfte zu verzichten, denn ich wollte mein Leben meiner neuen Aufgabe widmen. Meine ganze Zeit auf den Roman verwenden und, auch wenn es etwas dramatisch klingt, »alle Brücken hinter mir abbrechen«, sodass es kein Zurück mehr gab.

Fast alle meine Bekannten warnten mich, rieten mir, »lieber nichts zu überstürzen«. Das Lokal laufe gut, und ich hätte ein sicheres Einkommen, sei es da nicht unklug, jetzt darauf zu verzichten? Ich könne doch die Geschäftsführung an jemanden abgeben und dann schreiben. Damals glaubte wohl niemand daran, dass ich einmal nur von meinen Romanen würde leben können. Aber ich selbst hatte keine Zweifel daran. Schon früher hatte ich die Einstellung, etwas »ganz oder gar nicht« zu tun. Auch hätte es nicht zu meinem Charakter gepasst, mein Geschäft jemand anderem zu übertragen. Ich stand an einem Wendepunkt in meinem Leben und musste mich auf alles gefasst machen. Ich wollte unbedingt einmal alles auf eine Karte setzen und einen Roman schreiben. Wenn es schlecht ausginge, ginge es eben schlecht aus. Außerdem konnte ich immer noch wieder von vorn anfangen. Ich verkaufte also die Bar und zog aus der Tokioter Wohnung aus, um mich auf meinen Roman zu konzentrieren. Ich lebte außerhalb der Stadt, stand jeden Tag früh auf, ging früh zu Bett und lief, um mich körperlich fit zu halten. Das heißt, ich stellte mein Leben von Grund auf um.

Wahrscheinlich wurde mir damals notgedrungen die Existenz einer Leserschaft deutlich bewusst, auch wenn ich mir keine konkreten Gedanken über das Wesen meiner Leser machte. Ich war damals Mitte dreißig, und wer meine Bücher las, gehörte auf alle Fälle meiner Generation an oder war jünger. Ich war ein »vielversprechender junger Autor« (verzeihen Sie mir diese Floskel), und meine Anhänger waren eindeutig jüngere Leute. Ich fragte mich jedoch nie, um welchen Typ Mensch es sich handelte oder was sie dachten. Wir – ich, der Autor, und sie, meine Leser – waren auf selbstverständliche Art eins. Im Nachhinein würde ich diese Zeit als eine Art »Flitterwochen« zwischen mir und meinen Lesern bezeichnen.

Bei *Wilde Schafsjagd* ergaben sich verschiedene Umstände. Die Redaktion der Zeitschrift *Gunzo* nahm meinen neuen Roman ziemlich gleichgültig auf, doch glücklicherweise kam er bei vielen Lesern an, wurde bekannt und verkaufte sich besser als erwartet. Mir war also ein guter Start als Berufsschriftsteller gelungen, und ich konnte nun sicher sein, dass ich nicht die falsche Richtung eingeschlagen hatte. So war *Wilde Schafsjagd* mein eigentlicher Ausgangspunkt als Romancier.

Seither ist viel Zeit vergangen, ich bin Mitte sechzig, und meine Zeit als vielversprechender junger Autor liegt weit zurück. Das ist der Lauf der Dinge, ein Mensch wird älter (dagegen lässt sich wohl nichts machen), und auch das Wesen meiner Leserschaft hat sich selbstverständlich gewandelt. Doch wenn man mich heute fragt, welche Art Mensch im Moment vornehmlich zu meinen Büchern greife, muss ich passen. Ich weiß es wirklich nicht.

Ich bekomme zahllose Briefe von Lesern und habe auch gelegentlich einige von ihnen persönlich kennengelernt. Aber diese Menschen waren hinsichtlich ihres Alters, ihres Geschlechts und ihrer Herkunft derart verschieden, dass ich mir kein konkretes Bild davon machen konnte, wer meine Bücher liest. Ich habe wirklich nicht die geringste Ahnung, und wahrscheinlich wissen es nicht einmal die Leute in der Vertriebsabteilung meines Verlags. Männer und Frauen halten sich in meiner Leserschaft offenbar in etwa die Waage, und abgesehen davon, dass unter meinen Leserinnen überproportional viele hübsche Frauen sind – das stimmt wirklich –, lassen sich keine allgemeinen Aussagen treffen. Anscheinend wurden früher tendenziell mehr Bücher in den Städten verkauft und weniger auf dem Land, aber heutzutage sind diese regionalen Unterschiede so gut wie aufgehoben.

Das heißt also, Sie schreiben, ohne ein Bild von Ihren Lesern zu haben?, wird man mich jetzt vielleicht fragen, aber eigentlich versteht sich das doch von selbst. Nein, ein konkretes Bild von meinen Lesern habe ich nicht.

Soweit ich weiß, altern Autoren und ihre Leser in der Regel gemeinsam. Das heißt, wenn ein Autor älter wird, nimmt im Allgemeinen auch das Alter seiner Leserschaft zu. Es ist also nicht selten, dass die Generation des Autors und die Generation seiner Leser in etwa übereinstimmen, was ja auch naheliegend ist. Demnach würde ich überwiegend für Leser meiner Generation schreiben. Aber in meinem Fall scheint es anders zu sein.

Natürlich gibt es die Genres, die von vornherein auf eine bestimmte Generation und Schicht zugeschnitten sind. Es gibt Jugendromane für Teenager, Liebesromane, die in der Regel von Frauen zwischen zwanzig und dreißig gelesen werden, oder historische Romane, die hauptsächlich Männer in mittlerem Alter ansprechen. Auch das ist leicht nachvollziehbar.

Bei mir verhält es sich so, dass ich letztlich immer wieder an meinen Ausgangspunkt zurückkehre. Da ich sowieso keine Ahnung habe, wer nach meinen Romanen greift, schreibe ich einfach zu meinem Vergnügen. Es ist seltsam, aber das war und bleibt offenbar immer meine Basis.

Ich wurde also Autor und veröffentlichte regelmäßig Bücher. Dabei lernte ich eine Lektion, die mir in Fleisch und Blut übergegangen ist. Ganz gleich, was ich auf welche Weise schreibe, am Ende wird es immer irgendwo schlechtgemacht. Schreibe ich einen umfangreichen Roman, heißt es: »Viel zu lang und redundant. Die Hälfte hätte genügt.« Schreibe ich einen kurzen Roman: »Inhaltlich viel zu dünn. Es fehlt eindeutig an Kraft.« Schreibe ich etwas Ähnliches wie früher: »Er schreibt immer das Gleiche. Stereotyp. Wie langweilig.« Schreibe ich etwas anderes: »Das Vorherige war viel besser. Seine neue Masche funktioniert nicht.« Und schon vor fünfundzwanzig Jahren hieß es: »Murakami kommt zu spät, er ist nicht mehr zeitgemäß. Dieser Stil ist längst passé.« Es ist leicht, an anderen herumzumäkeln, wenn man einfach sagen kann, was einem durch den Kopf schießt, ohne konkrete Verantwortung dafür übernehmen zu müssen, aber wenn der Betroffene alles ernst nimmt, wird er bald am Ende sein. Deshalb sage ich kategorisch, dass es mir egal sei. Und wenn noch so scheußliches Zeug geredet wird, ich schreibe, was ich schreiben will.

In dem Song »Garden Party« singt Ricky Nelson folgende Zeilen:

You see ya can't please everyone
So ya got to please yourself

Dieses Gefühl kenne ich sehr gut. Es ist wirklich unmöglich, es allen recht zu machen. Man rennt sich nur die Hacken ab und macht sich kaputt. Dagegen sollte man sich wehren und das tun, was man tun will, und zwar so, wie man es sich vorstellt und es einem die meiste Freude bereitet. Wird es übel genommen und man verkauft kaum noch Bücher, kann man sich damit trösten, dass man zumindest seinen Spaß hatte. Das kann ich bestätigen.

Thelonious Monk, der Jazzpianist, hat einmal Folgendes gesagt: »Spiel einfach, wie du willst. Ohne daran zu denken, was das Publikum von dir will. Spiel, wie du willst, und du kannst den Leuten das, was du machst, verständlich machen. Auch wenn es zum Beispiel fünfzehn oder zwanzig Jahre dauert.«

Wenn man nur tut, was Spaß macht, kann es andererseits natürlich passieren, dass der künstlerische Anspruch leidet. Deshalb muss ein Autor sich unbedingt immer wieder selbst infrage stellen. Auch ist eine zumindest minimale Anhängerschaft eine wesentliche Voraussetzung für einen Profi. Doch sobald diese Anforderungen einigermaßen erfüllt sind, gibt es nichts Wichtigeres, als dass man Freude an seiner Arbeit hat und davon überzeugt ist. Denn ein Leben, in dem man Dinge tut, die man nicht mag, macht keinen großen Spaß. Womit wir wieder an unserem Ausgangspunkt angelangt wären: Was ist falsch daran, sich wohlzufühlen?

Dennoch werde ich immer wieder direkt gefragt, ob ich beim Schreiben wirklich nur an mich selbst dächte. Nein, natürlich nicht! Wie gesagt habe ich als professioneller Schriftsteller beim Schreiben ständig meine Leser im Kopf. Selbst wenn ich es wollte, wäre es mir unmöglich, ihre Existenz zu vergessen. Zudem wäre das irgendwie ungesund.

Aber den Leser im Kopf zu behalten bedeutet nicht, die Bewegungen auf dem Buchmarkt zu erforschen und die Käuferschichten zu analysieren, um ein bestimmtes Produkt für eine konkrete Zielgruppe zu lancieren. Was mir vorschwebt, ist letzten Endes ein »fiktiver Leser«. Diese Person hat weder ein Alter noch einen Beruf noch ein Geschlecht. In Wirklichkeit hat sie das natürlich, aber diese Faktoren sind austauschbar und damit, kurz gesagt, unbedeutend. Ein nicht austauschbarer, bedeutender Faktor ist der Umstand, dass es zwischen mir und diesen Menschen eine *Verbindung* gibt. Worin genau diese Verbindung im Einzelnen besteht, weiß ich nicht. Doch irgendwo ganz tief unten in der Dunkelheit sind meine Wurzeln mit den Wurzeln dieser Menschen verbunden. Das spüre ich. Aber sie liegen zu tief unten, als dass ich dorthin gelangen könnte, um mir anzuschauen, was sich dort abspielt. Zu dunkel ist es auch. Dennoch sind wir spürbar durch ein narratives System miteinander verbunden. Und ich habe das eindeutige Gefühl, dass dort geistige Nahrung ausgetauscht wird.

Doch wenn diese Menschen und ich in einer schmalen Gasse aufeinandertreffen, im Zug nebeneinandersitzen oder im Supermarkt an der Kasse hintereinanderstehen, merken wir (in den allermeisten Fällen) nicht, dass unsere Wurzeln verbunden sind. Wir gehen als fremde Gefährten aneinander vorüber, ohne uns zu erkennen. Wahrscheinlich werden wir uns nie wieder begegnen. Doch *in Wirklichkeit* sind wir unterirdisch, also unter der harten Oberfläche des Alltagslebens, »narrativ« verbunden. Haben irgendwo tief in unseren Herzen eine gemeinsame Geschichte. Das ist wahrscheinlich der Leser, den ich im Kopf habe. Tag für Tag schreibe ich in der Hoffnung und in dem Wunsch, dass dieser Leser zumindest ein wenig Freude an der Lektüre haben und etwas dabei empfinden möge.

Verglichen mit ihm sind die wirklichen Menschen, von denen ich im Alltag umgeben bin, ziemlich anstrengend. Sooft ich ein neues Buch schreibe, gefällt es einigen gut und anderen überhaupt nicht. Sie brauchen es gar nicht zu sagen, meistens sehe ich es ihren Gesichtern an. Das ist ganz normal. Denn jeder Mensch hat seine Vorlieben. Ganz gleich, wie sehr ich mich abmühe, es ist wie in dem Lied von Ricky Nelson: Man kann nicht alle glücklich machen. Die individuellen Reaktionen in meinem Umfeld so ungefiltert zu sehen, ist für mich als Autor ziemlich ermüdend. In solchen Momenten beschließe ich dann einfach aufs Neue, ausschließlich das zu tun, was mir gefällt. Je nach Situation wende ich diese beiden Maximen für mich an, eine Technik, die ich mir in meinem langen Schriftstellerleben angeeignet habe. Eigentlich ist es sogar eine Art Lebensweisheit.

Besonders freue ich mich, wenn Menschen verschiedener Generationen meine Romane lesen. Mitunter bekomme ich Briefe, in denen steht, dass in einer Familie drei Generationen ein Buch von mir lesen. Die Großmutter liest es (sie war vielleicht schon als junge Frau eine Leserin von mir), die Mutter liest es, der Sohn und seine jüngere Schwester lesen es auch … das kommt offenbar vor. Wenn ich so etwas erfahre, bekomme ich unglaublich gute Laune. Dass eines meiner Bücher von mehreren Leuten unter einem Dach gelesen wird, macht es richtig lebendig. Der Verlag würde sich natürlich noch mehr freuen, wenn alle vier jeweils ein Buch kaufen würden, aber als Autor macht es mich, ehrlich gesagt, viel glücklicher, dass vier Leute das eine Buch so gernhaben.

Einmal rief mich ein ehemaliger Klassenkamerad an. »Mein Sohn ist in der Oberschule«, erzählte er mir aufgeräumt. »Er liest alle deine Bücher, und wir sprechen oft darüber. Meist haben wir uns kaum etwas zu sagen, aber plötzlich reden wir miteinander.«

Also haben meine Bücher zumindest den Nutzen, dass sie die Kommunikation zwischen Eltern und Kindern fördern. Das ist kein unbedeutendes Verdienst. Denn ich selbst habe keine Kinder, und wenn die Kinder anderer Menschen meine Bücher gern lesen und daraus so etwas wie Empathie entsteht, habe ich der kommenden Generation einen wenn auch bescheidenen Beitrag hinterlassen.

Allerdings kann ich wahrlich nicht behaupten, dass ich häufig persönlich mit meinen Lesern zu tun hätte. Ich gehe kaum in die Öffentlichkeit und trete sehr selten in den Medien auf. Noch nie bin ich aus eigenem Antrieb im Radio oder Fernsehen erschienen (auch wenn ich schon mehrmals gegen meinen Willen gezeigt wurde). Ich halte auch keine Signierstunden ab. Häufig werde ich nach dem Grund für diese Zurückhaltung gefragt. Darauf habe ich nur eine Antwort: Ich bin Schriftsteller von Beruf, und das, was ich am besten kann, ist Bücher schreiben, weshalb ich meine ganze Kraft möglichst darauf konzentrieren will. Das Leben ist kurz, und die Zeit und die Energie, die wir zur Verfügung haben, sind begrenzt, und ich möchte sie nicht für Dinge verwenden, die außerhalb meiner Hauptbeschäftigung liegen. Ungefähr einmal im Jahr halte ich einen Vortrag im Ausland, lese oder signiere, denn als japanischer Autor sehe ich diese Auftritte als eine Verpflichtung, die ich bis zu einem gewissen Grad erfüllen muss. Darauf werde ich noch bei anderer Gelegenheit eingehen.

Eine Zeit lang hatte ich eine Homepage im Internet, auf der man mir über einen begrenzten Zeitraum schreiben konnte, und ich bekam unglaublich viele E-Mails. Ich machte es mir zur Regel, mir alle diese Mails anzusehen. Die allzu langen musste ich notgedrungen querlesen, aber gelesen habe ich restlos alle.

Auf etwa ein Zehntel dieser Mails habe ich geantwortet. Ich habe Fragen beantwortet, Ratschläge gegeben, Eindrücke geschildert ... Von kurzen Kommentaren bis verhältnismäßig langen, förmlichen Antworten war alles dabei. In dieser Zeit (am Ende waren es mehrere Monate) ließ ich so gut wie alle anderen Arbeiten ruhen und schrieb ausschließlich Mails, aber viele Empfänger glaubten anscheinend nicht, dass ich die Antworten selbst schrieb, und dachten, jemand täte das an meiner Stelle. Offenbar ist es eine gängige Praxis, dass Prominente ihre Fanpost von Sekretären beantworten lassen, und man glaubte, ich würde es genauso machen. Erst als ich den Satz »Ich schreibe die Antworten garantiert selbst« auf meine Homepage setzte, wurde mein Einsatz nach und nach gewürdigt.

Wahrscheinlich waren es besonders junge Männer, die ihren Freundinnen gern den Spaß verdarben. Sie: »Ich habe eine Antwort von Murakami-*san* bekommen.« Er: »Du spinnst doch. Denkst du, der schreibt die Antworten selbst? Der hat doch viel zu viel zu tun. Das macht jemand anderes für ihn, sie sagen nur pro forma, er habe sie selbst geschrieben.« So oder so ähnlich kann man es sich vielleicht vorstellen.

Ich war überrascht, wie viele misstrauische Menschen (und damit offenbar auch Betrüger) es gibt. Aber ich habe die Antworten wirklich selbst geschrieben. Es ging ziemlich schnell, und dennoch war es keine leichte Arbeit, weil das Aufkommen so hoch war. Aber es machte mir Spaß, und ich habe eine Menge dabei gelernt.

Ich tauschte also Botschaften mit realen Lesern aus. Besonders gefiel mir daran, dass all diese Menschen auf mein Werk reagierten. Bei einzelnen Lesern gab es mitunter Missverständnisse, zu hohe Erwartungen und Enttäuschungen, Fälle, in denen jemand sagte: »Das habe ich mir aber anders vorgestellt.« (Tut mir leid.) Menschen, die sich als »leidenschaftliche Leser« meiner Werke bekannten, erwähnten einzelne Bücher, lobten oder kritisierten sie. Es entstand Sympathie und auch Abneigung. Die Meinungen schienen völlig auseinanderzugehen. Doch sobald ich einige Schritte zurücktrat und alles aus einer gewissen Entfernung betrachtete, hatte ich das sichere Gefühl, dass diese Menschen insgesamt ein tiefes Verständnis für mich bzw. meine Romane hatten. Die individuellen Eindrücke mögen vielfältig im Detail sein, aber im Großen und Ganzen scheinen die Leser doch das richtige Gespür zu haben.

Dies wurde mir unversehens klar, als würde Nebel über einem Bergkamm sich verflüchtigen. Es war eine schwierige Erfahrung, das heißt Internet-Erfahrung, die mich zu dieser Erkenntnis führte. Sie war so mühsam und mit so viel Arbeit verbunden, dass ich so etwas wohl nicht mehr schaffen werde.

Ich habe zuvor davon gesprochen, dass ich beim Schreiben einen »fiktiven Leser« im Kopf habe, der aber im Grunde für meine »gesamte Leserschaft« steht. Ihr Bild wäre zu groß und würde nicht in meinen Kopf passen, also habe ich sie zu einem einzelnen fiktiven Leser verdichtet.

In japanischen Buchhandlungen stehen die Werke häufig nach männlichen und weiblichen Autoren getrennt. In ausländischen Buchläden scheint man diese Unterscheidung nicht vorzunehmen. Vielleicht gibt es sie auch noch irgendwo anders, aber gesehen habe ich es noch nie. Ich habe schon viel über die möglichen Gründe dafür nachgedacht. Vielleicht sind es praktische Erwägungen, weil viele Frauen vornehmlich Bücher von Autorinnen lesen und Männer solche von Autoren. Wenn ich darüber nachdenke, lese ich selbst auch häufiger Bücher von Männern als von Frauen. Aber ich lese ein Buch ja nicht, weil es von einem Mann geschrieben ist, sondern es ergibt sich zufällig so. Natürlich gibt es auch zahlreiche Autorinnen, die ich sehr schätze, zum Beispiel Jane Austen oder Carson McCullers. Ich habe alle ihre Werke gelesen. Auch Alice Munro mag ich sehr, und von Grace Paley habe ich sogar einiges übersetzt. Deshalb finde ich es ziemlich störend, wenn man männliche und weibliche Autoren so einfach voneinander trennt (denn dadurch vertieft man doch nur die Kluft zwischen den Männern und Frauen, die die Bücher lesen). Aber meiner Meinung wird wohl kaum Gehör geschenkt.

Wie bereits erwähnt, scheint sich bei den Lesern meiner Bücher das Verhältnis von Männern und Frauen in etwa die Waage zu halten. Es wurde keine statistische Erhebung darüber durchgeführt, aber ich bin vielen Lesern begegnet, habe mit ihnen gesprochen und E-Mails ausgetauscht, und ich bin mir ziemlich sicher, dass ungefähr die Hälfte von ihnen Männer und die andere Hälfte Frauen waren. Das ist in Japan so und im Ausland anscheinend auch. Demnach besteht ein ausgewogenes Gleichgewicht der Geschlechter. Warum das so ist, weiß ich nicht, aber ich finde, ich sollte mich darüber freuen. Die Weltbevölkerung besteht jeweils ungefähr zur Hälfte aus Männern und Frauen, und wenn meine Leserschaft dies widerspiegelt, entspricht das doch den natürlichen Gegebenheiten.

»Murakami-*san*«, fragte mich einmal eine junge Leserin, »wie kommt es, dass Sie als Mann in den Sechzigern die Gefühle junger Frauen so gut verstehen?« (Natürlich gibt es eine Menge Leute, die nicht dieser Meinung sind, aber ich erlaube mir, die Ansicht dieser Leserin einmal als Beispiel zu benutzen, pardon.) Da ich selbst – bitte, glauben Sie mir das – auch nicht finde, dass ich junge Frauen besonders gut verstehe, überraschte mich diese Bemerkung. Also antwortete ich ihr, dass ich mich beim Schreiben sehr bemühte, mich in die handelnden Figuren hineinzuversetzen, und deshalb vielleicht allmählich automatisch verstünde, wie sie denken und fühlen. Letztendlich liege das in der Natur des Erzählens.

Wenn ich also Figuren in einem Roman bewege, ergibt sich ein gewisses Verständnis, aber das ist dann doch noch etwas anderes, als reale junge Frauen zu verstehen. Leider muss ich gestehen, dass ich wirkliche Menschen häufig nicht besonders gut verstehe. Wenn jedoch echte junge Frauen aus Fleisch und Blut – zumindest ein Teil von ihnen – meine Romane (also die eines älteren Mannes von Mitte sechzig) gern und mit Empathie für die handelnden Personen lesen, freut mich das mehr als alles andere. Für mich grenzt das wirklich fast an ein Wunder.

Natürlich darf es auf der Welt auch Bücher für männliche oder weibliche Leser geben. Sie sind sogar notwendig. Aber für meine

Bücher wünsche ich mir, dass sie alle Leser gleichermaßen ansprechen, ohne dass ihr Geschlecht eine Rolle spielt. Es gibt kein grö-
ßeres Vergnügen für mich als die Vorstellung, dass Liebespaare,
gemischte Gruppen, Ehepaare oder Eltern und Kinder lebhaft
über meine Bücher diskutieren. Denn ich bin überzeugt davon,
dass Romane und Geschichten die Fähigkeit besitzen, Antago-
nismen zwischen den Geschlechtern oder den Generationen
oder überhaupt Stereotypen aufzuweichen und ihre Schärfe zu
mildern, was selbstverständlich eine fantastische Fähigkeit ist.
Insgeheim hoffe ich, dass meine Romane auch eine so positive
Rolle spielen werden, so winzig sie auch sein mag.

Kurz gesagt – und es ist mir fast peinlich, den Mund so voll zu
nehmen – habe ich seit meinem Debüt ernsthaft das Gefühl,
durchgängig in der Gunst meiner Leser zu stehen. Ich wiederhole mich, aber bei der Kritik hatte ich über lange Jahre hinweg
einen sehr schweren Stand. Auch in dem Verlag, der meine Bücher herausbringt, schien es mehr Lektoren zu geben, die mir
kritisch gegenüberstanden, als solche, die das, was ich schrieb,
aufrichtig unterstützten. Ständig äußerte man sich streng mir
gegenüber und behandelte mich kühl, und zwar in einem Maß,
dass ich das Gefühl hatte, allein und stumm zu arbeiten, während mir die ganze Zeit ein bald stärkerer, bald schwächerer
Wind entgegenblies.

Dass ich dennoch weitermachen konnte, ohne entmutigt oder
niedergeschlagen zu sein (manches nahm mich ganz schön mit),
lag daran, dass die Leser an meinen Büchern festhielten. Ich habe
erstklassige Leser, wenn ich das selbst einmal so sagen darf. Anstatt ein Buch, nachdem sie es zu Ende gelesen haben, mit einem
»Ah ja, sehr interessant« irgendwo abzulegen und zu vergessen,

scheinen viele von ihnen noch einmal darüber nachzudenken, warum es ihnen gefallen hat. Dieser Teil – und das sind gar nicht wenige – liest auch dasselbe Buch noch einmal. Manche über einen Zeitraum von zehn Jahren sogar mehrmals. Oder sie geben es an interessierte Freunde weiter und tauschen sich darüber aus, um die Geschichte besser zu erfassen oder sich ihrer gemeinsamen Eindrücke zu vergewissern. Das habe ich von vielen Lesern gehört. Jedes Mal konnte ich nur tiefe Dankbarkeit empfinden, denn für einen Autor sind diese Menschen die idealen Leser. (Als ich jung war, habe ich selbst auf diese Weise gelesen.)

Mit beträchtlichem Stolz erfüllt mich außerdem, dass die Zahl meiner Leser mit jedem Buch, das ich in den vergangenen fünfunddreißig Jahren veröffentlicht habe, immer weiter gestiegen ist. Die Verkaufszahlen von *Naokos Lächeln* waren natürlich unschlagbar, aber abgesehen von zeitweiligen Schwankungen bei einer fluktuierenden Leserschicht hat die Zahl der »Beständigen«, die darauf warten, dass ein neues Buch von mir erscheint, es sofort kaufen und lesen, kontinuierlich zugenommen. Die Zahlen belegen das, aber auch an den Reaktionen ist es deutlich spürbar. Diese Tendenz besteht nicht nur in Japan, sie breitet sich auch im Ausland aus. Interessanterweise legen japanische und ausländische Leser inzwischen ähnliche Lesegewohnheiten an den Tag.

Vielleicht bin ich mit ihnen durch eine gewaltige Pipeline verbunden, und wir haben im Laufe der Zeit ein System etabliert, durch das wir direkt miteinander kommunizieren. Ein System, das Vermittler wie die Medien oder den Literaturbetrieb nicht (so sehr) benötigt. Was hier viel stärker zum Einsatz kommt, ist ein natürliches »Vertrauensverhältnis«, das ganz von selbst zwischen Autor und Leser entstanden ist und darauf basiert, dass die meisten dieser Leser meine Bücher vorbehaltlos kaufen und lesen, sobald sie erscheinen. Besteht dieses Vertrauen jedoch nicht, wird das System nicht dauerhaft funktionieren, so direkt die Pipeline auch sein mag. Als ich vor langer Zeit Gelegenheit hatte, John Irving persönlich kennenzulernen, sagte er mir etwas sehr Interessantes über seine Beziehung zu seinen Lesern. »Wissen Sie, für einen Autor ist es das Wichtigste, sie ›anzufixen‹, wenn Sie meine Wortwahl entschuldigen wollen.« Man schafft eine Beziehung, aus der der andere sich nicht mehr lösen kann, auch wenn er es will, denn er kann die nächste Spritze kaum erwarten. Diese Metapher ist sehr einleuchtend, aber sie ist politisch unkorrekt, weshalb ich das gemäßigtere Bild von der direkten »Pipeline« verwende, aber die Aussage bleibt in etwa dieselbe. Autor und Leser gehen persönlich miteinander um, eine physische Vertrautheit im Stil von »Ey, Alter, was geht ab? Alles klar?« kann dabei nicht fehlen.

Hin und wieder bekomme ich Leserbriefe folgenden interessanten Inhalts: »Ich habe Ihr neues Buch gelesen, Murakami-*san*. Leider gefällt es mir nicht besonders, es hat mich enttäuscht. Trotzdem werde ich ganz bestimmt auch Ihr nächstes Buch kaufen. Machen Sie weiter.« Offen gesagt, mag ich solche Leser sehr gern und bin ihnen dankbar. Denn sie haben zweifellos ein Vertrauensverhältnis zu mir. Für solche Menschen muss ich unbedingt ein »nächstes Buch« schreiben. Und ich hoffe von ganzem Herzen, dass es ihnen gefällt. Da ich es allerdings nicht allen recht machen kann, weiß ich nicht, wie es in der Realität aussehen wird.

11 INS AUSLAND GEHEN –
AUF ZU NEUEN UFERN

Mein Einstieg in Amerika begann Ende der 1980er-Jahre, als Kodansha International einen Roman von mir in amerikanischer Übersetzung herausgab: *A Wild Sheep Chase**. Anschließend publizierte der *New Yorker* einige meiner Kurzgeschichten. Kodansha hatte sein Büro im Herzen von Manhattan, beschäftigte einheimische Lektoren und war sehr bemüht, im amerikanischen Verlagsgeschäft Fuß zu fassen. Ich kenne die genaueren Umstände nicht, aber Kodansha America ging als amerikanische Filiale daraus hervor.

Elmer Luke, ein amerikanischer Mitarbeiter chinesischer Abstammung, organisierte das Lektorat und hatte einige kompetente Kollegen, die sich um PR und das operative Geschäft kümmerten. Die oberste Leitung hatte Herr Shirai. Er ließ den amerikanischen Kollegen möglichst freie Hand, ohne auf umständlichen japanischen Höflichkeitsformen zu bestehen, und

---

* Dt.: *Wilde Schafsjagd* (Anm. d. Übers.)

das Betriebsklima war ziemlich entspannt. Die amerikanischen Mitarbeiter unterstützten die Herausgabe meines Buches mit großem Enthusiasmus. Als ich kurze Zeit später New York verließ, um nach New Jersey zu ziehen, besprach ich das persönlich mit ihnen in den Verlagsräumen von K A am Broadway. Die Atmosphäre war wesentlich zwangloser, als es in Japan der Fall gewesen wäre. Alle Kollegen stammten aus New York, und sie waren ein hervorragendes Team, und auch mir machte es großen Spaß, mit ihnen zusammenzuarbeiten. Ich habe diese Zeit in sehr guter Erinnerung. Ich war noch nicht einmal vierzig, und es geschahen so viele aufregende Dinge. Einigen dieser ehemaligen Mitarbeiter bin ich noch heute freundschaftlich verbunden.

Dank der erfrischenden und gelungenen Übersetzung von Alfred Birnbaum erreichte *A Wild Sheep Chase* größere Popularität, als ich es mir erhofft hatte. Eine Besprechung in der *New York Times* erschien, und John Updike schrieb eine lange, wohlwollende Kritik im *New Yorker*, doch von einem finanziellen Erfolg waren wir noch weit entfernt. Kodansha International war in Amerika noch ein Neuling und ich selbst völlig unbekannt. Keine Buchhandlung stellte ein solches Buch in vorderster Reihe auf. Hätte es damals schon E-Books gegeben oder hätte man es im Netz bestellen können, hätten die Chancen vielleicht besser gestanden, doch dergleichen war noch nicht in Sicht. Immerhin erreichte ich einen gewissen Bekanntheitsgrad, auch wenn er sich nicht direkt in den Verkaufszahlen niederschlug. Später erschien *A Wild Sheep Chase* als Taschenbuch bei Vintage (Random House) und entwickelte sich zum Longseller.

Als Nächstes kamen *Hard-Boiled Wonderland and the End of*

*the World** und anschließend *Dance Dance Dance*** heraus, die ebenfalls gut besprochen wurden. Doch obwohl beide Romane einen gewissen Erfolg verzeichneten, sogar »Kultstatus« erlangten, waren die Auflagenzahlen wieder nicht besonders hoch. Japan stand damals wirtschaftlich sehr gut da, es ging unentwegt aufwärts, ja, es erschien sogar ein Buch mit dem Titel *Japan as Number One*. Leider wirkte sich dieser Aufschwung nicht besonders auf den kulturellen Bereich aus. Unterhielt man sich mit Amerikanern über Japan, ging es meistens um wirtschaftliche Belange, an kulturellen Themen gab es kaum Interesse. Man kannte zwar Namen wie Ryuichi Sakamoto und Banana Yoshimoto, aber den amerikanischen Markt (einmal abgesehen vom europäischen) würde man von Japan aus nicht erreichen, solange man keinen Trend schuf, der die Aufmerksamkeit aktiv auf die japanische Kultur lenken würde. Überspitzt gesagt galt Japan damals als geheimnisvolles, etwas undurchsichtiges Land, das Geld im Überfluss hatte. Natürlich gab es auch in Amerika Menschen, die Kawabata, Tanizaki und Mishima lasen und bei denen die japanische Kultur in hohem Ansehen stand, doch das war letzten Endes nur eine Handvoll Intellektueller und gebildeter, passionierter Leser aus den urbanen Zentren.

Deshalb war ich überglücklich, als ich mehrere meiner Kurzgeschichten an den *New Yorker* verkaufen konnte (für mich als begeisterten Leser dieser Zeitschrift war das geradezu ein Traum), doch leider gelang mir auch damit kein Durchbruch. Ich war wie eine Rakete, die einen guten Start gehabt hatte, bei der aber die zweite Stufe nicht zünden wollte. Dennoch pflege ich seither

---

* Dt.: *Hard-boiled Wonderland und das Ende der Welt* (Anm. d. Übers.)
** Dt.: *Tanz mit dem Schafsmann* (Anm. d. Übers.)

unverändert freundschaftliche Beziehungen zum *New Yorker*. Auch wenn Redakteure und Lektoren inzwischen gewechselt haben, ist er für mich eine vertraute Anlaufstelle in Amerika geblieben. Jedenfalls sagte mein Stil der Redaktion besonders zu (er traf wohl einfach den Geist der Zeitschrift), und ich bekam einen Autorenvertrag. Später erfuhr ich, dass J. D. Salinger den gleichen Vertrag mit dem *New Yorker* hatte, und fühlte mich nicht wenig geehrt.

Meine erste Veröffentlichung im *New Yorker* (in der Ausgabe vom 10.9.1990, um genau zu sein) war eine Kurzgeschichte mit dem Titel *TV People*, und in den seither vergangenen fünfundzwanzig Jahren sind insgesamt siebenundzwanzig Texte von mir dort erschienen. Die Kriterien der Redaktion sind äußerst streng, und Werke, die den Vorgaben der Zeitschrift nicht entsprechen, werden prompt abgelehnt, ganz gleich, wie berühmt ein Autor oder wie eng er mit den Redakteuren befreundet ist. Sogar *Zooey* von Salinger wurde zunächst einstimmig abgelehnt (aber durch die Bemühungen des Chefredakteurs William Shawn schließlich doch angenommen). Selbstverständlich wurden auch Geschichten von mir mehrfach zurückgewiesen. In dieser Hinsicht geht es ganz anders zu als bei japanischen Zeitschriften. Aber wer diese schweren Hürden überwindet und es schafft, mehrere Texte beim *New Yorker* herauszubringen, der hat gute Chancen, sich ein amerikanisches Publikum zu erschließen. Auf diese Weise drang auch mein Name allmählich zu den Lesern durch, und die Wirkung war enorm.

Der Einfluss und das Prestige einer Zeitschrift wie des *New Yorker* sind weit stärker, als es bei einer japanischen Zeitschrift vorstellbar wäre. Wenn in Japan in einer Zeitschrift steht, der und der Roman habe sich in Amerika oder Japan eine Million

Mal verkauft und den Soundso-Preis bekommen, ruft das bestenfalls mildes Erstaunen hervor. Erscheinen hingegen mehrere Arbeiten eines Autors im *New Yorker*, verändert das die öffentliche Wahrnehmung völlig. Eine Kultur, in der zumindest eine so wegweisende Zeitschrift existiert, ist beneidenswert.

Mehrere der Amerikaner, die ich durch meine Arbeit kennengelernt hatte, warnten mich vor den Schwierigkeiten, die es bedeutete, in der amerikanischen Verlagswelt Fuß zu fassen. Ich bräuchte unbedingt einen amerikanischen Agenten, und mein Buch müsse in einem großen amerikanischen Verlag erscheinen. Das war mir klar, auch ohne dass man es mir immer wieder sagen musste. Also beschloss ich, mir einen Agenten und einen neuen Verlag zu suchen, wenngleich ich gegenüber Kodansha America leichte Schuldgefühle hatte. Nach Gesprächen mit einer Menge Leute in New York fiel meine Wahl auf die Agentin Amanda Urban (Spitzname »Binky«) von International Creative Management. Mein Verlag wurde Alfred Knopf (geleitet von »Sonny« Mehta), der zur Random-House-Gruppe gehört. Mein Lektor bei Knopf war Gary Fisketjon. Alle drei Namen waren sehr bekannt im amerikanischen Kulturbetrieb, und wenn ich es mir heute überlege, erstaunt es mich, dass sie überhaupt Interesse an mir hatten. Doch mich trieb damals der Mut der Verzweiflung, und ich hatte gar keine Zeit, darüber nachzudenken. Ich verließ mich auf die Beziehungen von Bekannten, sprach mit allen möglichen Leuten und traf schließlich meine Wahl.

Es waren wahrscheinlich drei Gründe, aus denen die drei sich ausgerechnet für mich interessierten. Erstens war ich der Übersetzer von Raymond Carver und hatte sein Werk in Japan eingeführt. Sie waren Agentin, Verlag und Lektor von Raymond

Carver gewesen. Das konnte kein Zufall sein. Wahrscheinlich war es der Einfluss des verstorbenen Carver, der mir diesen Erfolg bescherte. (Seit seinem Tod waren seinerzeit erst vier oder fünf Jahre vergangen.)

Zweitens wusste man auch in Amerika, dass in Japan fast zwei Millionen Exemplare von *Naokos Lächeln* verkauft worden waren. Für ein belletristisches Werk ist das auch dort nicht wenig, weshalb mein Name in der Branche einigermaßen bekannt war. Also war *Naokos Lächeln* so etwas wie meine Visitenkarte.

Drittens hatte ich bereits Texte in Amerika veröffentlicht, die eine gewisse Popularität erlangt hatten und mich als vielversprechenden Newcomer auswiesen. Besonders, dass der *New Yorker* mich schätzte, hatte sicherlich einen großen Einfluss. William Shawns Nachfolger, der legendäre Chefredakteur Robert Gottlieb, fand mich offenbar sympathisch, und dass er mich persönlich durch die ganze Redaktion führte, ist eine wertvolle Erinnerung für mich. Linda Asher, meine zuständige Redakteurin, ist eine äußerst charmante Dame, und wir verstanden uns prächtig. Sie hat schon vor langer Zeit beim *New Yorker* aufgehört, aber wir sind noch immer befreundet. Rückblickend war es wohl der *New Yorker*, der mich für den amerikanischen Markt herangezogen hat.

Meine Verbindung zu den drei Profis Urban, Mehta und Fisketjon war der Hauptgrund, dass sich die Dinge so gut entwickelten. Sie waren nicht nur ausgesprochen kompetent und begeisterungsfähig, sie verfügten auch über breit gefächerte Beziehungen und einen starken Einfluss in der Branche. Seither gestaltet Chip Kidd, Designer bei Knopf, die Umschläge für alle amerikanischen Ausgaben meiner Bücher und hat sich damit einen Namen gemacht. Manche können die Neuerscheinungen kaum erwarten, weil sie so begeistert von seinen Covers sind. Es ist großartig, wenn jemand mit einem solchen Talent gesegnet ist.

Ich frage mich, ob ein weiterer Grund für meinen Erfolg vielleicht auf meine Entscheidung zurückgeht, nicht ausdrücklich als japanischer Autor aufzutreten, sondern mich in eine Arena mit den amerikanischen Schriftstellern zu begeben. Ich hatte selbst einen Übersetzer gefunden, meinen Text übersetzen lassen, ihn selbst durchgesehen und das amerikanische Manuskript an meine Agentin weitergereicht, die es für mich an einen Verlag verkaufte. Auf diese Weise konnten sie und der Verlag mit mir umgehen wie mit einem amerikanischen Autor. Anders als ein ausländischer Autor, der seine Romane in einer fremden Sprache einreicht, war ich in derselben Position wie die amerikanischen Autoren und spielte nach denselben Regeln wie sie. Ich ließ mich ganz auf dieses System ein.

Dazu hatte ich mich entschieden, weil Binky mir bei unserer ersten Begegnung sehr deutlich gemacht hatte, sie würde keinen Text übernehmen, der ihr nicht auf Englisch vorliege. Sie las die Manuskripte selbst, begutachtete sie und begann dann mit der Arbeit. Texte, die sie nicht selbst lesen konnte, lehnte sie ab. Für eine Agentin versteht sich das von selbst. Also beschloss ich, zunächst eine überzeugende englische Übersetzung anfertigen zu lassen.

In Japan und Europa wird häufig beklagt, amerikanische Verlage seien zu kommerziell, hätten nur den eigenen Profit im Sinn und bemühten sich nicht aufrichtig darum, ihre Autoren zu fördern. Diese Einstellung ist vielleicht nicht direkt antiamerikanisch, kennzeichnet aber doch eine Art Widerwillen (oder einen Mangel an Wohlwollen) gegenüber dem amerikanischen Geschäftsmodell. Natürlich wäre es eine Lüge, behaupten zu wollen, das amerikanische Verlagsgeschäft habe diese Seite nicht auch. Mehrere amerikanische Schriftsteller, mit denen ich bekannt bin, beschwerten sich, dass Agenten und Verlage sie hofiert hätten, solange ihre Bücher sich gut verkauften, ihnen jedoch die kalte Schulter gezeigt hätten, sobald das nicht mehr der Fall gewesen sei. Dergleichen kommt ganz bestimmt vor. Aber das ist nur eine Seite des Systems. Ich war immer wieder Zeuge, wie Agenten und Verleger sich, ohne an ihren unmittelbaren Vor- oder Nachteil zu denken, mit aller Kraft für ihre Autoren und deren Werke einsetzten. Dabei spielen natürlich vor allem Begeisterung und Engagement der einzelnen Lektoren eine bedeutende Rolle. Vermutlich ist das überall auf der Welt so.

Soweit ich es sehe, sind Menschen, die ins Verlagswesen einsteigen und Lektor werden, in jedem Land Büchernarren. Wer in Amerika auf einfache Art viel Geld verdienen und auf großem Fuß leben will, wird sich nicht unbedingt das Verlagsgeschäft aussuchen, sondern bewirbt sich um einen Job an der Wall Street oder in der Madison Avenue (wo die großen Werbeagenturen sind). Denn von wenigen Ausnahmen abgesehen, sind die Gehälter in der Verlagsbranche nicht besonders üppig. Deshalb sind auch viele Angestellte dort einigermaßen stolz auf ihren Beruf und ihre Liebe zu Büchern. Gefällt ihnen ein Werk, setzen sie sich mit aller Kraft dafür ein, ohne an die Vor- und Nachteile zu denken.

Auch als ich eine Weile an der Ostküste der Vereinigten Staaten (in New Jersey und Boston) lebte, hielt ich persönlichen Kontakt mit Binky, Gary und Sonny, und wir wurden sogar Freunde. Da wir an weit auseinanderliegenden Orten wohnten, aber über

Jahre zusammenarbeiteten, trafen wir uns immer wieder, redeten und aßen zusammen. So etwas ist in allen Ländern ähnlich. Wenn man zu viele Aufgaben delegiert und den Agenten überlässt, ohne sich persönlich zu engagieren, wird man nichts bewegen. Wenn natürlich das Werk an sich überwältigende Kraft hat, spielt selbst das keine Rolle, aber so weit reicht, ehrlich gesagt, mein Selbstbewusstsein nicht. Ich neige dazu, alles zu tun, was ich tun kann, komme, was da wolle. Jedenfalls ergab es sich auf diese Weise, dass ich in Amerika sozusagen noch einmal debütierte. Mit vierzig hatte ich noch einmal die Reset-Taste gedrückt und von vorn angefangen.

Die Entscheidung, mir in Amerika einen Markt zu erschließen, hing auch damit zusammen, dass sich in Japan einige unerfreuliche Tendenzen zeigten. Jedenfalls hatte ich den starken Eindruck, dass ich dort nicht richtig vorankam, obwohl man es damals, während der sogenannten »Wirtschaftsblase«, als Schriftsteller in Japan nicht einmal besonders schwer hatte. Von einer Bevölkerung von über 100 Millionen waren fast alle des Lesens mächtig. Es gab also jede Menge potenzielle Leser. Außerdem florierte die japanische Wirtschaft in einer Weise, dass dem Rest der Welt die Augen übergingen, und davon profitierte auch die Verlagsbranche. Da die Aktienkurse immer weiter stiegen, die Immobilienpreise in die Höhe schossen und Geld in Hülle und Fülle vorhanden war, kam eine neue Zeitschrift nach der anderen auf den Markt, denn es gab Anzeigenkunden im Überfluss. Auch nach Autoren herrschte große Nachfrage, und es kursierten jede Menge verlockende Aufträge: »Reisen Sie, wohin Sie wollen, verprassen Sie Spesen, so viel Sie wollen, und schreiben Sie dann irgendeinen Reisebericht.« Ein Unbekannter machte mir das verführerische Angebot, ein Jahr in seinem jüngst in Frankreich erworbenen Château zu verbringen und dort in Ruhe einen Roman zu schreiben. (Ich lehnte wie immer höflich ab.) Im Nachhinein betrachtet, war es eine unglaubliche Zeit. Ein Schriftsteller konnte, selbst wenn er seine Romane nicht verkaufte, seinen Lebensunterhalt sehr gut mit solchen Aufträgen bestreiten.

Doch ich war nun über vierzig (ein entscheidendes Alter für einen Schriftsteller), und derlei war für mich nicht erstrebenswert. Es gibt den Ausdruck »die Herzen der Menschen in Verwirrung stürzen«, und genau das geschah damals in Japan. Die gesamte Gesellschaft war völlig außer Rand und Band durch all das schnelle Geld. Keine Atmosphäre, in der man sich in Ruhe hinsetzen und sich Zeit nehmen konnte, um einen Roman zu schreiben. In mir wuchs die Befürchtung, dass unter diesen Umständen im Nu alles verdorben sein könnte. Diese Sorge verstärkte meinen Wunsch, zu neuen Ufern aufzubrechen und neue Möglichkeiten auszuprobieren, weshalb ich nach dem Erscheinen von *Hard-Boiled Wonderland und das Ende der Welt* Mitte der 1980er-Jahre Japan verließ, um hauptsächlich im Ausland zu leben.

Überdies standen meine Werke und auch ich persönlich in Japan stark unter Kritik. Da ich ein Mensch bin, mache ich Fehler, und auch meine Romane sind nicht frei von Fehlern. Allerdings bin ich grundsätzlich der Ansicht, dass man dagegen nichts tun kann, und gehe ziemlich unbekümmert damit um. Damals war ich jedoch noch verhältnismäßig jung und fühlte mich häufig ungerecht behandelt, denn die Kritik machte nicht einmal vor meiner Privatsphäre und der meiner Familie halt, Unwahrheiten wurden als Fakten dargestellt, und ich wurde sogar persönlich angegriffen, was mich eher verwunderte als bedrückte.

Dennoch fragte ich mich, weshalb diese Ressentiments so ausuferten.

Im Nachhinein vermute ich, dass diese Angriffe auch ein Ausdruck der Frustration waren, die der japanische Literaturbetrieb (Autoren, Kritiker, Herausgeber usw.) damals empfand. Es sprach daraus die Unzufriedenheit und Depression der Kunst- und Kulturbranche darüber, dass die sogenannte »Hochliteratur« rapide an Einfluss verlor und damit ihre Existenzberechtigung einzubüßen begann, weil sich ein Paradigmenwechsel abzeichnete. Aus der Sicht konservativer literarischer Kreise offenbarte sich darin ein unerträglicher kultureller Niedergang. Und viele sahen mich als einen der Hauptverursacher, einen, der den ursprünglichen Status quo gefährdete und zu zerstören drohte. Sie wollten mich aus dem Weg haben, also griffen sie mich an wie weiße Blutkörperchen ein Virus. Das ist mein Eindruck. Und ich dachte schon damals: Wenn die japanische Kultur von jemandem wie mir beschädigt werden kann, hat sie wirklich ein Problem.

»Was Haruki Murakami schreibt, ist sowieso nur aufgewärmte ausländische Literatur und funktioniert höchstens in Japan«, hieß es dauernd. Ich fand überhaupt nicht, dass das, was ich schrieb, »aufgewärmt« war, denn ich hatte ja die Absicht, mit den Mitteln der japanischen Sprache neue Möglichkeiten zu verfolgen und zu erforschen. Also dachte ich trotzig, dass es gerade deshalb den Versuch wert wäre, auszuprobieren, ob meine Werke im Ausland ankommen würden. Ich gehöre keinesfalls zu den Menschen, die immer recht haben müssen, aber wenn mich etwas nicht überzeugt, gehe ich ihm nach, bis ich es verstehe.

Außerdem hätte ich es weit weniger nötig, mich in diesem komplizierten japanischen Kulturbetrieb in Japan zu engagieren, wenn ich mich vornehmlich im Ausland betätigte. Dann könnte mir egal sein, was geredet wurde. Das war für mich einer der Hauptgründe, ins Ausland zu gehen. So gesehen, war die Kritik, die ich in Japan abbekam, sogar mein Glück, denn statt mich herunterzuziehen, wurde sie für mich zur Gelegenheit, es im Ausland zu versuchen. Und zu Tode gelobt zu werden hatte ich wohl nirgends zu befürchten.

Am glücklichsten machte es mich, dass viele ausländische Leser und Kritiker meine Bücher zumindest für originell und anders als die anderer Schriftsteller hielten. Die meisten waren grundsätzlich der Ansicht, dass ich einen eigenen literarischen Stil verkörperte, unabhängig davon, ob er ihnen gefiel oder nicht. Diese Einschätzung, die sich so sehr von jener unterschied, die ich in Japan erfahren hatte, war das größte Kompliment für mich.

Als sich in Japan herumsprach, dass meine Werke auch im Ausland gelesen würden, hieß es auf einmal, das komme daher, dass sie einfach geschrieben und daher leicht zu übersetzen und für Ausländer gut verständlich seien. Das klang nun ganz anders als zuvor. Ich war ein wenig erstaunt, aber dachte mir: Was soll's, da kann man nichts machen. Wie viele Menschen es doch gibt, die ihr Mäntelchen nach dem Wind hängen und ohne fundierte Meinung einfach so daherplappern.

Literarische Werke entstehen letztlich immer aus dem Inneren eines Autors. Auf keinen Fall lassen sie sich durch bestimmte strategische Kniffe künstlich generieren. Auch mithilfe von Marktforschung gezielt Inhalte zu erstellen würde nicht funktionieren. Aus derartig oberflächlichen Ergebnissen geschaffene Werke würden nicht viele Leser finden. Und falls zufällig doch, wäre Werk und Autor keine Dauer beschieden, und sie wären bald vergessen. Von Abraham Lincoln ist folgender Ausspruch überliefert, der, wie ich glaube, hier ebenfalls ganz gut passt: »Man kann einen Teil des Volkes die ganze Zeit täuschen und das ganze Volk einen Teil der Zeit. Aber man kann nicht das gesamte Volk die ganze Zeit täuschen.« Vieles stellt sich eben erst mit der Zeit heraus.

Aber kehren wir zum ursprünglichen Thema zurück.

Meine Bücher erschienen also gebunden beim großen Alfred Knopf Verlag und anschließend als Taschenbücher bei Vintage. Und mit der Zeit erreichte ich immer höhere Auflagen in Amerika. Neuerscheinungen schafften es meist auf die oberen Plätze der Bestsellerlisten der Tageszeitungen in Boston und San Francisco. Es bildete sich eine Stammleserschaft heraus, die meine Bücher regelmäßig kaufte und las – und die strukturell in etwa mit jener in Japan übereinstimmte. 2005 eroberte sich *Kafka on the Shore*[*] einen Platz auf der Bestsellerliste der überregionalen *New York Times*, ziemlich am Ende zwar, aber immerhin hatte ich meinen Auftritt. Meine Romane wurden nun nicht mehr nur in den liberalen Zentren der Ost- und Westküste, sondern auch im Landesinneren gelesen. *1Q84*[**] erreichte 2011 Platz zwei auf der Belletristik-Liste, *Colorless Tsukuru Tazaki and His Years of Pilgrimage*[***] 2015 Platz eins. Doch das waren keine sensationellen Volltreffer, die ich mit einem Schuss erreicht hatte. Für mich war es ein weiter Weg dorthin gewesen. Nachdem ich beharrlich ein Werk nach dem anderen publiziert hatte, stellte sich nun endlich das Gefühl ein, Fuß gefasst zu haben. Und

[*] Dt.: *Kafka am Strand* (Anm. d. Übers.)
[**] Dt.: *1Q84*, Buch 1 & 2 (Anm. d. Übers.)
[***] Dt.: *Die Pilgerjahre des farblosen Herrn Tazaki* (Anm. d. Übers.)

auch bei den Taschenbuchausgaben kam es zu einem lebhaften Aufschwung. Der Wind stand günstig für mich.

Bemerkenswerter als die Bewegungen innerhalb Amerikas war in der Anfangsphase die Steigerung meiner Auflagenzahlen auf dem europäischen Markt. Der Umstand, dass New York im Zentrum des internationalen Lizenzhandels stand, begünstigte offenbar den Verkauf in Europa, eine Entwicklung, die ich nicht vorhergesehen hatte. Offen gesagt, hatte ich die Schlüsselbedeutung, die New York in der Verlagswelt zukam, bis dahin gar nicht erkannt. Für Amerika als Basis hatte ich mich entschieden, weil ich Englisch lesen konnte und zufällig dort lebte.

Ich habe den Eindruck, dass es – abgesehen von Ostasien – Russland und die osteuropäischen Länder waren, die zuerst Feuer fingen, und es sich von dort allmählich nach Westen ausbreitete. Das war Mitte der 1990er-Jahre. Es ist erstaunlich, aber ich habe gehört, dass Bücher von mir die Hälfte der zehn Plätze einer russischen Bestsellerliste belegten. Das Folgende ist lediglich mein persönlicher Eindruck, und mit konkreten Belegen und Beispielen kann ich nicht dienen. Doch wenn ich mir die historischen Daten anschaue, glaube ich, eine weltweite Tendenz zu erkennen. Mir scheint, dass meine Bücher nach den Veränderungen, die diese Länder bis in ihre Fundamente erschüttert hatten, dort vermehrt gelesen wurden. Das heißt, nach den gigantischen Verwerfungen, die den Zusammenbruch der kommunistischen Systeme begleiteten, stieg der Verkauf meiner Bücher in Russland und Osteuropa sprunghaft an. Die Diktatur der kommunistischen Parteien, die bis dahin als unerschütterlich und felsenfest gegolten hatte, war unversehens gescheitert, und es herrschte ein gewisses von einer Mischung aus Hoffnung und Unsicherheit getragenes Chaos. Und vielleicht offerierten meine Geschichten just in diesem Moment eine neue, ungezwungene Art der Wirklichkeit.

Zugleich kam es zum dramatischen Fall der Mauer, die Ost- und Westberlin getrennt hatte, und um die Zeit der Wiedervereinigung wurden meine Bücher auch in Deutschland zunehmend gelesen, was vermutlich nicht mehr als ein Zufall war. Dennoch übt eine Umstrukturierung der Grundfesten einer Gesellschaft starken Einfluss auf die Beschaffenheit der die Menschen in ihrem Alltag umgebenden Realität aus, und im Zuge dessen ist das Streben nach Erneuerung ein ganz natürliches Phänomen. Gesellschaftliche und narrative Wirklichkeit fließen unweigerlich im Denken der Menschen (oder in ihrem Unterbewusstsein) ineinander. Große gesellschaftliche Umwälzungen erfordern – ganz gleich, in welchem Zeitalter – zu ihrer Unterstützung stets auch Verschiebungen in der narrativen Wirklichkeit.

Erzählliteratur existiert als natürliche Metapher der Realität, und die Menschen brauchen immer neue Geschichten, das heißt neue Metaphernsysteme, die in ihrem Inneren heimisch werden, damit sie mit den veränderten Umständen ihrer Umgebung Schritt halten können und nicht abgeschüttelt werden. Indem wir die beiden Systeme (gesellschaftliche und metaphorische Realität) verknüpfen, mit anderen Worten, subjektive und objektive Welt ineinandergreifen und einander ergänzen lassen, können wir uns leichter in einer ungewissen Realität verorten und geistige Stabilität bewahren. Ich habe beinahe das Gefühl, als funktionierten meine Romane gewissermaßen wie globale Zahnräder, die die Anpassung an reale Bewegungen erleichtern. Natürlich ist das, ich möchte es noch einmal betonen, einzig und allein meine persönliche Wahrnehmung. Dennoch glaube ich nicht, dass ich damit völlig falsch liege.

Vielleicht begriff die japanische Gesellschaft – anders als die europäische und die amerikanische – die erdrutschartigen Veränderungen bereits in einer früheren Phase als gewissermaßen auf der Hand liegend. Denn meine Romane wurden in Japan – zumindest von der allgemeinen Leserschaft – schneller als im Westen positiv aufgenommen. Für unsere Nachbarländer China, Korea und Taiwan gilt vermutlich dasselbe. Auch die chinesischen, koreanischen und taiwanesischen Leser schätzten meine Bücher gleich zu Anfang (bevor sie in Amerika und Europa erfolgreich waren).

Wahrscheinlich hatten gesellschaftliche Erdrutsche für die Menschen Ostasiens schon früher eine reale Bedeutung. Sie kannten sie als ein langfristiges sachtes Abgleiten statt als eine abrupte Veränderung, wie der Westen sie sah. In asiatischen Ländern mit einem rapiden Wirtschaftswachstum war der Erdrutsch kein plötzliches Ereignis, sondern im vergangenen Vierteljahrhundert ein Dauerzustand gewesen.

Natürlich sehe ich ein, dass diese Behauptungen aus der Luft gegriffen sind, und bin mir der Vielzahl anderer möglicher Betrachtungsweisen bewusst. Dennoch sind zwischen den Reaktionen meiner asiatischen und jenen meiner westlichen Leser erhebliche Unterschiede zu erkennen, die größtenteils auf die Diskrepanz zwischen der Wahrnehmung solcher Veränderungen und dem Umgang mit ihnen zurückzuführen sind. Hinzu kommt, dass in Japan wie in den anderen Ländern Ostasiens eine sogenannte »Moderne«, wie sie eigentlich der »Postmoderne« vorausgehen sollte, im eigentlichen Sinne nicht stattgefunden hat. Das heißt, die Trennung von subjektiver und objektiver

Welt wird nicht so logisch und klar vollzogen wie in den Gesellschaften des Westens. Auf dieses Thema einzugehen würde hier jedoch zu weit führen, und ich verschiebe diese Diskussion lieber auf ein anderes Mal.

Ein entscheidender Auslöser für meinen Durchbruch im Westen war mein Glück, mehreren ausgezeichneten Übersetzern zu begegnen. Als Erster suchte mich Mitte der 1980er-Jahre ein schüchterner junger Amerikaner namens Alfred Birnbaum auf. Ihm gefielen meine Werke, und er fragte, ob es mir etwas ausmachen würde, wenn er einige kürzere Stücke auswählte und übersetzte. Ich erklärte mich einverstanden, er erstellte die Manuskripte, und dann ging etwas Zeit ins Land, aber ein paar Jahre später kam die Gelegenheit, sie im *New Yorker* zu lancieren. Alfred Birnbaum übersetzte auch *A Wild Sheep Chase*, *Hard-Boiled Wonderland and the End of the World* sowie *Dance Dance Dance* für Kodansha International. Alfred ist ein enorm tüchtiger Übersetzer von überschäumender Kreativität, und hätte er es mir nicht angeboten, wäre ich zum damaligen Zeitpunkt gar nicht auf die Idee gekommen, meine Werke ins Englische übersetzen zu lassen, denn ich glaubte nicht, dass ich schon so weit wäre.

Später, als ich Gast an der Princeton University war und in Amerika lebte, lernte ich Jay Rubin kennen. Er unterrichtete damals an der University of Washington und wechselte später nach Harvard. Er ist ein hervorragender Japanologe und hatte damals bereits mehrere Werke von Natsume Soseki übersetzt, interessierte sich aber auch für meine Arbeiten. Er würde gern etwas von mir übersetzen, sagte er, ich solle mich doch an ihn wenden, falls sich die Gelegenheit ergebe. Ich fragte ihn, ob er zuerst einige Kurzgeschichten seiner Wahl für mich übersetzen würde, und er tat es. Ich war begeistert. Was mich vor allem faszinierte, war, dass er völlig andere Werke ausgewählt hatte als Alfred. Seltsamerweise kam es nie zu einem Konflikt zwischen den beiden. Damals wurde mir intensiv bewusst, wie segensreich es sein kann, mehrere Übersetzer zu haben.

Durch Jay Rubins gelungene Übersetzung meines umfangreichen Romans *The Wind-Up Bird Chronicle*[*] fasste ich erst richtig Fuß in Amerika. Alfred übersetzte, vereinfacht ausgedrückt, frei und ungehemmt, Jay hingegen zuverlässig und solide. Jeder von beiden hatte seine charakteristische Note. Alfred war damals jedoch mit seiner eigenen Arbeit sehr beschäftigt und hätte es nicht geschafft, zusätzlich einen so dicken Roman zu übersetzen. So war Jays Erscheinen für mich ein großer Glücksfall. Ein Roman mit einer (im Vergleich zu meinen ersten Werken) verhältnismäßig komplexen Struktur wie dieser passte meiner Ansicht nach besser zu einem Übersetzer, der wie Jay von Anfang an präzise und nah am Text übersetzt. Was mir außerdem an seinen Übersetzungen gefällt, ist der natürliche Sinn für Humor, der sich darin offenbart. Sie sind nie einfach nur solide.

Dann gibt es noch J. Philip Gabriel und Ted Goossen. Beide sind ausgezeichnete Übersetzer und haben großes Interesse an dem, was ich schreibe. Auch diese beiden kenne ich schon sehr lange. Gleich zu Anfang waren sie mit dem Wunsch, etwas von mir zu übersetzen, an mich herangetreten und hatten auch schon etwas übersetzt. Darüber bin ich sehr froh. Durch den

---

[*] Dt.: *Mister Aufziehvogel* (Anm. d. Übers.)

Umgang mit ihnen und unsere persönliche Verbindung habe ich Freunde gefunden, wie es sie selten gibt. Da ich selbst aus dem Englischen ins Japanische übersetze, kenne ich die Freuden und Leiden des Übersetzerdaseins aus eigener Erfahrung. Deshalb pflege ich eine möglichst enge Beziehung zu ihnen, und wenn sie Fragen zur Übersetzung haben, beantworte ich diese gern. Außerdem sorge ich dafür, dass sie zu vorteilhaften Bedingungen arbeiten.

Wer es einmal getan hat, weiß es: Übersetzen ist eine überaus fordernde, schwierige Tätigkeit, ja, eine Knochenarbeit. Aber sie darf nicht einseitig anstrengend und fordernd sein. Es muss ein gegenseitiges Geben und Nehmen sein. Für einen Autor, der im Ausland erscheinen möchte, sind Übersetzer äußerst wichtige Partner. Es ist für ihn entscheidend, Übersetzer zu finden, die sein Werk verstehen. Auch ein Übersetzer mit herausragenden Fähigkeiten kann ein schlechtes Ergebnis liefern, wenn er keine gefühlsmäßige Verbindung zu Text und Autor hat oder die charakteristische Note nicht zur Geltung bringen kann. So entsteht nur Stress. Und wenn ein Übersetzer einen Text von Anfang an nicht schätzt, wird die Übersetzung ihm nicht mehr bedeuten als eine lästige Arbeit.

Eines möchte ich – vielleicht überflüssigerweise – noch hinzufügen. In vielen Ländern, besonders in Europa und Amerika, ist das Individuum von alles überragender Wichtigkeit. Jemandem eine Aufgabe – ganz gleich, welche – zu übertragen, sich im Voraus zu bedanken und unbesehen deren Erledigung zu erwarten ist ein Ding der Unmöglichkeit. Im Westen muss jeder ständig individuell Verantwortung übernehmen und Entscheidungen treffen. Das kostet viel Zeit und Mühe und erfordert auch eine gewisse sprachliche Kompetenz. Natürlich regeln Literaturagenten grundsätzlich alle Angelegenheiten, aber auch sie haben viel zu tun und kümmern sich, ehrlich gesagt, nicht sehr ausführlich um die Belange noch namenloser und kaum gewinnversprechender Autoren. Deshalb sollte man einiges selbst in die Hand nehmen. Während ich in Japan bereits eine gewisse Bekanntheit erlangt hatte, war ich auf dem ausländischen Markt anfangs natürlich ein unbeschriebenes Blatt. Abgesehen von einigen Leuten in der Branche und einer Handvoll Leser kannte in Amerika niemand meinen Namen oder konnte ihn richtig aussprechen. Anfangs hieß ich dort nur »Mjurakami«. Aber das stachelte meinen Ehrgeiz nur noch mehr an, und ich wollte doch einmal sehen, was ich als unbeschriebenes Blatt auf diesem mir noch verschlossenen Markt erreichen konnte.

Wie gesagt, wäre es für mich sicherlich nicht schwer gewesen, in Japan, wo die Wirtschaft boomte, als Bestsellerautor (wenn ich das von mir selbst sagen darf) von *Naokos Lächeln* Aufträge in Hülle und Fülle zu bekommen und viel Geld zu verdienen. Aber ich wollte ausprobieren, ob es mir gelingen würde, mich von dieser Umgebung loszusagen, und wie lange ich als (fast) namenloser Autor und Neuling außerhalb Japans würde bestehen können. Dies wurde mein persönliches Leitmotiv und Ziel. Im Nachhinein betrachtet, war es vermutlich eine gute Sache, mir ein Ziel auf die Fahne zu schreiben, denn der Aufbruch zu neuen Ufern ist für das literarische Schaffen von essenzieller Wichtigkeit. Richtet man sich allzu bequem in einer Position, an einem Ort (»Ort« ist hier metaphorisch gemeint) ein, lässt die Frische des schöpferischen Impulses nach, und man verliert ihn bald ganz. Mir ist es wahrscheinlich gelungen, zum richtigen Zeitpunkt den richtigen Ehrgeiz für das richtige Ziel aufzubringen.

Obwohl vor Menschen aufzutreten nicht zu meinen persönlichen Stärken gehört, gebe ich im Ausland Interviews und halte, wenn ich einen Preis bekomme, bei der Verleihung eine Dankesrede. Hin und wieder lese ich oder übernehme einen Vortrag. Das kommt nicht sehr häufig vor – ich habe auch in Übersee den Ruf eines publikumsscheuen Autors –, aber ich gebe mir Mühe, meinen persönlichen Radius, und sei es nur stückchenweise, zu erweitern und auch mal den Kopf aus der Tür zu stecken. Ich bin kein großer Redner, aber ich versuche meine Meinung möglichst ohne Dolmetscher mit meinen eigenen Worten auszudrücken. In Japan tue ich all dies, abgesehen von besonderen Fällen, fast nie. Deshalb wird mir häufig vorgeworfen, ich würde nur das Ausland bedienen und mit zweierlei Maß messen.

Ich will mich nicht herausreden, aber dass ich im Ausland vor Publikum auftrete, liegt daran, dass ich mich als japanischer Autor bis zu einem gewissen Grad dazu verpflichtet fühle. Ich bekam, als ich zur Zeit der Wirtschaftsblase in Übersee lebte, immer wieder die betrübliche Ansicht zu hören, Japaner seien »gesichtslos«. Als sich das häufte, kam mir spontan der Gedanke, dass ich für die vielen im Ausland lebenden Japaner und auch für mich selbst an diesem Zustand zumindest ein bisschen etwas ändern sollte. Ich bin kein besonders patriotischer Mensch (ich würde mich eher als »Kosmopolit« bezeichnen), aber wenn man im Ausland lebt, fühlt man sich notgedrungen, ob es einem gefällt oder nicht, als »japanischer Autor«. Meine Umgebung nahm mich auf diese Weise wahr, und auch ich selbst sah mich mit einem Mal so. Beinahe unmerklich entwickelte ich das Bewusstsein, »Landsleute« zu haben. Wenn man darüber nachdenkt, ist das schon eine seltsame Sache. Ich war vor dem strengen Regelwerk meiner Heimat Japan geflohen und lebte als *expatriate* im Ausland, konnte aber nicht umhin, gerade deshalb zu meinen Ursprüngen zurückzukehren.

Damit keine Missverständnisse aufkommen: Ich kehrte nicht in meine Heimat zurück, sondern griff bloß die Beziehung zu ihr wieder auf. Darin liegt ein großer Unterschied. Bisweilen kann man beobachten, dass Menschen, die von einem Auslandsaufenthalt nach Japan zurückkommen, in einer Art Spätfolge seltsam patriotisch (in manchen Fällen sogar nationalistisch) agieren, was jedoch bei mir nie der Fall war. Ich dachte nur intensiver über meine Bedeutung als japanischer Autor und die Ursprünge meiner Identität nach.

Mittlerweile werden meine Werke in über fünfzig Sprachen übersetzt, und darauf bin ich sehr stolz. Denn es bedeutet, dass sie in verschiedenen Kulturen geschätzt werden. Als Schriftsteller macht mich das glücklich, was nicht heißt, ich bildete mir ein, alles richtig gemacht zu haben. Das eine hat mit dem anderen nichts zu tun. Ich halte mich weiterhin für einen in der Entwicklung befindlichen Autor und bin überzeugt, dass ich noch immer (fast) unbegrenzten Raum für diese »Entwicklung« zur Verfügung habe.

Und wo, glauben Sie, befindet sich dieser Raum?

Ich glaube, er liegt in meinem Inneren. Zuerst schuf ich mir in Japan eine Position als Autor, anschließend ging ich ins Ausland und vergrößerte mein Publikum. Und vielleicht werde ich nun in die Tiefen meines Inneren steigen, um sie zu erforschen. Dort liegt noch viel Neuland für mich, und vielleicht wird dies meine letzte Grenze sein.

Ob ich diese Grenze mit Erfolg überschreiten werde, weiß

ich nicht. Aber ich wiederhole: Es ist fabelhaft, dass ich mir immer wieder ein Ziel auf mein Banner schreiben und ihm folgen kann. Ganz gleich, wie alt ich werde, ganz gleich, wo ich sein werde.

NACHWORT

Wann genau ich damit begonnen habe, die Texte für das vorliegende Buch zu schreiben, weiß ich nicht mehr, aber es muss vor etwa fünf oder sechs Jahren gewesen sein. Ich hatte schon viel früher den Wunsch, etwas über mich als Schriftsteller zu erzählen und darüber, was es bedeutet, über lange Zeit zu schreiben, und verfasste nach und nach Textabschnitte, wenn ich zwischen meiner anderen Arbeit Zeit fand. Anfangs schrieb ich spontan, gewissermaßen für mich selbst und nicht für einen Auftraggeber.

Die Anfangskapitel hatte ich in einem allgemeinen Stil geschrieben – so wie zum Beispiel dieses Nachwort –, aber als ich sie wieder las, kamen sie mir etwas ungeschliffen, kantig und ziemlich gewöhnungsbedürftig vor. Daraufhin beschloss ich, sie versuchsweise so zu gestalten, als würde ich vor Publikum sprechen; ich verlieh ihnen einen verhältnismäßig fließenden und ungekünstelten Ton und fügte sie zu einem Manuskript für einen Vortrag zusammen. Ich stellte mir vor, es vor etwa 30 bis 40 Personen in einem kleinen Saal in möglichst vertrauter Atmosphäre vorzutragen. Allerdings nahm ich die Gelegenheit nie wahr.

Warum nicht? Zunächst, weil es mir peinlich gewesen wäre, auf diese Weise mit großer Geste über mich persönlich und mich als Autor zu sprechen. Überdies habe ich eine starke Abneigung dagegen, mich erklärend zu meinen Romanen zu äußern. Denn wenn ich über meine Arbeit spreche, neige ich unweigerlich dazu, mich zu entschuldigen, zu prahlen oder mich zu rechtfertigen. Auch wenn ich gar nicht die Absicht habe, das zu tun, läuft es meist darauf hinaus.

Also dachte ich, es würde sich gewiss noch irgendwann ergeben, in der Öffentlichkeit zu sprechen, aber es sei wahrscheinlich einfach noch ein bisschen zu früh dazu. Vielleicht wenn ich etwas älter wäre. Also warf ich vorerst weiterhin alles in die Schubladen. Mitunter zog ich die Texte hervor und schrieb sie hier und da ein bisschen um. Die Lage – meine persönliche und die gesellschaftliche – änderte sich nach und nach und damit änderten sich auch meine Gedanken und Gefühle. In diesem Sinne sind das anfängliche Manuskript und das nun vorliegende atmosphärisch und im Ton vermutlich recht verschieden. Doch grundsätzlich haben sich meine Einstellung und meine Meinungen nicht im Geringsten geändert. Wenn ich darüber nachdenke, kommt es mir beinahe so vor, als würde ich seit meinen Anfängen als Schriftsteller immerfort dasselbe wiederholen. Ich lese Dinge, die ich vor über dreißig Jahren geäußert habe, und bin selbst überrascht, wie sehr sie meinen heutigen Gedanken gleichen.

Wahrscheinlich kommt es vielen Lesern so vor, als hätten sie manches hier schon einmal irgendwo gelesen. Ich bitte Sie, mir das nachzusehen. Ein Grund, diese Texte in dieser »Vortragsform« herauszugeben, war auch, dass ich meine bisher an verschiedenen Orten geäußerten Ansichten über das Schreiben einmal systematisch an einer Stelle präsentieren wollte, um sie Ihnen gesammelt zu lesen zu geben.

Die erste Hälfte dieses Buches erschien bereits in Fortsetzungen in der Zeitschrift *Monkey Business*. Zufälligerweise bat mich Motoyuki Shibata, der Herausgeber, um einen Beitrag für diese Zeitschrift, die sich mit zeitgenössischer japanischer Literatur beschäftigt. Ich gab ihm eine Kurzgeschichte, die ich gerade fertiggestellt hatte. Da fiel mir ein, dass ich auch noch die Aufsätze in der Schublade hatte, und ich fragte ihn, ob er Platz dafür habe. Er hatte.

Auf diese Weise erschienen die ersten sechs Kapitel in jeweils einer Ausgabe von *Monkey Business*. Da sie bereits in meinem Schreibtisch geschlummert hatten, fiel es mir nicht schwer, sie nacheinander abzuliefern. Die übrigen fünf der hier vorliegenden elf Kapitel sind neu.

Die hier versammelten Essays sind autobiografischer Natur, was ich jedoch nicht bewusst im Voraus geplant hatte. Ich wollte nur möglichst konkret und nachvollziehbar schildern, welchen Weg ich als Schriftsteller bisher gegangen bin und was meine Einstellung war. Denn wer über lange Zeit schreibt, also ständig seinen eigenen Gedanken Ausdruck verleiht, und sich dann zur Tätigkeit des Schreibens an sich äußert, kann es natürlich nicht vermeiden, auch über sich selbst zu sprechen.

Ehrlich gesagt, habe ich keine Ahnung, ob das vorliegende Buch Menschen, die selbst eine Schriftstellerlaufbahn anstreben, als eine Art Wegweiser dienen kann. Ich bin ein Mensch mit sehr persönlichen Ansichten, und inwieweit meine Art zu schreiben und zu leben überhaupt für den allgemeinen Gebrauch tauglich ist, kann ich nicht beurteilen. Da ich kaum Schriftstellerfreunde habe, fehlt es mir außerdem an Vergleichsmöglichkeiten. Ich kann nicht anders als auf meine Weise schreiben, also schreibe ich eben so und nicht anders, aber ich würde nie behaupten, dass dies die einzig richtige Weise sei. Wenn es an meiner Methode etwas gibt, das man verallgemeinern kann, dann gibt es wahrscheinlich auch etwas, das man unmöglich verallgemeinern kann. Es versteht sich von selbst, aber wenn es hundert Schriftsteller gibt, gibt es auch hundert Wege, einen Roman zu schreiben. Auf diesem Gebiet muss jeder selbst zu einer vernünftigen Entscheidung gelangen.

Ich möchte jedoch, dass Sie eines verstehen: Im Grunde bin ich ein völlig normaler Mensch. Sicher verfüge ich von Natur aus über ein gewisses Talent zum Schreiben (anderenfalls hätte ich mich nie so lange als Schriftsteller halten können). Aber abgesehen davon bin und bleibe ich in jeder Hinsicht ein ganz normaler Mensch. Wenn ich durch die Straßen gehe, falle ich nicht auf, und im Restaurant weist man mir in der Regel einen schlechten Platz zu. Würde ich nicht schreiben, hätte mich nie jemand weiter beachtet. Ich hätte ein ziemlich durchschnittliches Leben geführt. In meinem Alltag bin ich mir kaum dessen bewusst, Schriftsteller zu sein.

Doch zufällig verfüge ich über die Fähigkeit, Romane zu schreiben, und etwas Glück und mein beharrlicher Charakter haben mir dazu verholfen, mehr als fünfunddreißig Jahre lang den Beruf des Schriftstellers auszuüben – ein Umstand, der mich bis zum heutigen Tage erstaunt. Zutiefst erstaunt. In diesem Buch wollte ich von diesem Erstaunen und meinem starken Wunsch (vielleicht sollte ich es »Willen« nennen) erzählen, es mir möglichst unverfälscht zu bewahren. Vielleicht waren diese fünfunddreißig Jahre meines Lebens letzten Endes der leidenschaftliche Versuch, mir dieses Erstaunen zu erhalten.

Zum Schluss möchte ich noch einmal hervorheben, dass rein verstandesmäßige Arbeit nicht meine Stärke ist. Logische Analyse und abstraktes Denken liegen mir nicht. Ich ordne meine Gedanken beim Schreiben. Nur indem ich die Hände bewege, Sätze schreibe, sie wieder und wieder durchlese und sorgfältig überarbeite, kann ich die Dinge in meinem Kopf erfassen und sortieren. Die jahrelange Auseinandersetzung mit den Aufsätzen in diesem Buch hat es mir ermöglicht, systematisch über mich, den Schriftsteller, bzw. den Umstand, dass ich Schriftsteller bin, nachzudenken und mir einen Überblick zu verschaffen.

Ich weiß nicht, inwieweit diese doch ziemlich selbstbezogenen, sehr persönlichen Texte – die wohl eher einen individuellen Denkprozess als eine Botschaft darstellen – Ihnen als Lesern weiterhelfen können. Dennoch würde ich mich glücklich schätzen, wenn sie zumindest einen kleinen, aber wahren Nutzen hätten.

Haruki Murakami

Juni 2015

QUELLENANGABEN

HARUKI MURAKAMI

Südlich der Grenze, westlich der Sonne. Roman

Mister Aufziehvogel. Roman

Naokos Lächeln. Roman

Tanz mit dem Schafsmann. Roman

Nach dem Beben. Roman

Kafka am Strand. Roman

Afterdark. Roman

Hard-boiled Wonderland und das Ende der Welt. Roman

Blinde Weide, schlafende Frau. Erzählungen

Untergrundkrieg. Der Anschlag von Tokyo

Wie ich eines Morgens im April das 100%ige Mädchen sah.
Erzählungen

Der Elefant verschwindet. Erzählungen

Wovon ich rede, wenn ich vom Laufen rede

1Q84 (Buch 1&2). Roman

1Q84 (Buch 3). Roman

Die Pilgerjahre des farblosen Herrn Tazaki. Roman

Von Männern, die keine Frauen haben. Erzählungen

Wenn der Wind singt / Pinball 1973. Zwei Romane

btb